本书是 2016 年度国家自然科学基金项目"多重机遇叠加下的北部湾物流产业生态位选择与构建研究"（项目编号：71662026）、广西高校人文社会科学重点研究基地"北部湾海洋发展研究中心"、陆海新通道北部湾研究院、北部湾海洋经济研究院、2021年广西哲学社会科学规划研究课题一般项目：向海经济下广西海洋产业转型机理、驱动因素与推进策略（项目编号：21BYJ020）的研究成果。

北部湾物流产业生态位选择与构建研究

编　著　朱芳阳

编　委　刘新文　章秀芝　潘文昊

　　　　刘晓霞　井　燕　李　燕

　　　　王景敏　郭　真　朱林森

　　　　梁子陵　赵心媛　黄彩秀

　　　　朱志东

新 华 出 版 社

图书在版编目 (CIP) 数据

北部湾物流产业生态位选择与构建研究 / 朱芳阳等
编著 . — 北京 : 新华出版社 , 2022.8

ISBN 978-7-5166-6373-8

Ⅰ . ①北… Ⅱ . ①朱… Ⅲ . ①北部湾 – 经济区 – 物流
– 产业发展 – 研究 Ⅳ . ① F259.276.7

中国版本图书馆 CIP 数据核字（2022）第 139590 号

北部湾物流产业生态位选择与构建研究

编　　著：朱芳阳　等

责任编辑：徐文贤　　　　　　　　　封面设计：马静静

出版发行： 新华出版社

地　　址：北京石景山区京原路 8 号　　　邮　　编：100040

网　　址：http://www.xinhuapub.com

经　　销：新华书店

　　　　　新华出版社天猫旗舰店、京东旗舰店及各大网店

购书热线： 010-63077122　　　　　**中国新闻书店购书热线：** 010-63072012

照　　排：北京亚吉飞数码科技有限公司

印　　刷：北京亚吉飞数码科技有限公司

成品尺寸：170mm×240mm　　1/16

印　　张：11.75　　　　　　　　　　字　　数：238 千字

版　　次：2023 年 4 月第一版　　　　　印　　次：2023 年 4 月第一次印刷

书　　号：ISBN 978-7-5166-6373-8

定　　价：72.00 元

前　言

　　北部湾经济区地处华南经济圈、西南经济圈和东盟经济圈的结合部，是中国西部大开发地区唯一的沿海区域，由南宁、北海、钦州、防城港、玉林、崇左所辖行政区域组成。北部湾是西部大开发战略中的重点区域；北部湾是支撑中南、西南地区面向东盟开放的"战略支点"；北部湾经济区发展规划是国家战略；北部湾经济区将形成"一带一路"有机衔接的重要门户地带。

　　区域物流系统的构建和发展是产业集群形成条件及发展基础。物流产业与产业集群之间存在相互依存、彼此推动的战略合作关系，并在支撑区域产业布局发展等方面具有重要作用。所以，多战略规划叠加实施推动北部湾经济区产业集群的壮大及由此引发区域经济的迅速增长，客观上势必催生对物流服务的强大需求。随着经济全球化过程的加快，区域一体化发展的趋势越来越明显。港湾成为引领国家和地区经济持续发展、保持竞争优势的重要标志。作为重要的物流形式，港口物流成为中国沿海经济带港口产业的主要发展方向。

　　中国—东盟自由贸易区升级打造、"一带一路"倡议全面启动、西部陆海新通道总体规划全面实施等旨在推动跨区域资源整合、优化沿线国家经济发展空间格局及让中国产业和产品走出去，北部湾经济区要想担当起"战略支点""重要门户"功能，完成国家赋予的沉甸甸责任，应拥有不同层次、不同辐射范围，能够提供强大而高效物流服务支撑的物流通道，主观上要求必须加大物流设施投资、持续构建通道网络。因此，在多重机遇叠加下客观和主观要求都使得北部湾物流产业迎来重大发展机遇和广阔发展空间。

本书将从产业生态位演化的视角,对上述问题展开研究,试图选择与北部湾经济区产业集群形成良好互动、适应中国产业和产品走出去需要的北部湾物流产业生态位,并随着多重机遇重叠而加以生态位构建。从理论层面讲,能够弥补目前物流产业理论关于物流与产业聚群互动、物流产业生态位演化路径及跨区域物流产业共存和竞争等内容研究的不足,揭示多重机遇叠加下北部湾物流产业生态系统及其生态环境的适应性和作用力,丰富物流产业管理理论;从实践层面看,能够为北部湾经济区实现产业集群协同发展及多态稳定,提高其物流产业生态位在中国—东盟经济生态系统的适宜性,推动中国与东盟国家的产业全方位对接及产业链条日益完善,构建"一带一路"沿线国家、地区和城市物流产业的共生机制等提供理论依据和决策参考。

本书共分为8章,以生态位理论为基础,沿循"产业生态位—物流业产业生态位—北部湾物流产业生态位"的思路,探讨多重机遇叠加背景下,北部湾物流产业如何配合多重规划战略实施,如何更好地形成物流产业对其他产业的带动效应,从技术、市场和资源三个维度进行生态位的选择及其构建研究,分析国内外典型物流企业生态位建设案例,提出多重机遇叠加下北部湾物流产业生态位重构的具体对策建议。

北部湾大学,是全国应用技术大学(学院)联盟首批理事高校、广西新建本科院校整体转型发展试点院校、教育部学校规划建设发展中心"产教融合创新实验项目"基地院校、国家"十三五"规划建设的"应用型本科高校"项目单位。学校立足北部湾、面向南海和东盟、服务国家战略和区域经济发展,坚持产教融合,以产学研战略联盟为平台,以实践能力和创新能力、就业创业能力培养为核心,与行业企业协同育人、协同创新,形成了特色鲜明的办学模式和应用型人才培养模式。近年来,学校人文社科教师围绕民族经济、农业经济、电子商务、地区战略管理、民族民生事务管理等领域开展了广泛研究,形成了自身的研究特色和一定的学术影响,取得了一批有价值的研究成果。

北部湾海洋发展研究中心(以下简称"研究中心")是依托2015年设立的"北部湾海洋经济研究院"进行建设,并且得到自治区教育厅2019年9月下文立项的广西高校人文社会科学重点研究基地,是广西特色新型智库联盟成员单位。研究中心以服务国家"一带一路"建设和中央赋予广西"三大定位"、支撑广西加快发展向海经济、推动海洋强区建设为使命,立足区位优势,发挥学科作用,凸显研究特色,在区域海洋发展战略研究、政策建言、人才培养、文化传承等方面发挥积极的引领和示范作用,成为有较强影响力的高校人文社会科学重点研究基地。

本书是 2016 年度国家自然科学基金项目"北部湾物流产业生态位选择与构建研究"(项目编号:71662026)、广西高校人文社会科学重点研究基地"北部湾海洋发展研究中心"、2021 年广西哲学社会科学规划研究课题一般项目:向海经济下广西海洋产业转型机理、驱动因素与推进策略(项目编号:21BYJ020)、陆海新通道北部湾研究院的研究成果。

朱志东、王梦林、程文文、何艳艳、徐琳、严雅婷、纪华銎、仲轶凡、赖靓荣等也参加了本书的撰写修改。

由于作者水平有限,本书中必有很多疏漏及不足之处,希望得到读者的指正!

作　者

目　录

第

1

章

绪 论

1.1 研究背景

北部湾经济区地处华南经济圈、西南经济圈和东盟经济圈的结合部，是中国西部大开发地区唯一的沿海区域，由南宁、北海、钦州、防城港、玉林、崇左所辖行政区域组成。北部湾经济区向北通过铁路与重庆、成都衔接，链接中欧铁路亚欧大陆桥。向南通过海运联系海南、东亚与东南亚等经济区域，其重要性不言而喻。改革开放以来，国家也相继出台了一系列促进广西北部湾经济区开放开发的重大决策：

（1）北部湾是西部大开发战略中的重点区域。2000 年，国务院把广西纳入西部大开发战略实施范围，在《西部大开发"十一五"规划》中明确将环北部湾（广西）经济区列为我国三大重点开发区域之一，强调依托南宁、北海、钦州、防城港等城市，联接周边广东、海南等地区，重点发展临港型产业，集聚发展大型炼油、石化和林浆纸一体化工业基地，探索建立泛北部湾次区域经济合作机制。在《西部大开发"十二五"规划》中将北部湾经济区再次列为我国十一个发展潜力大的重点经济区之一，确定其为我国面向东盟国家对外开放的重要门户，中国—东盟自由贸易区的前沿地带和桥头堡，区域性物流基地、商贸基地、加工制造基地和信息交流中心，重要的临海石化、钢铁基地。在《西部大开发"十三五"规划》中，明确提到南宁为五横两纵相交错的重要节点城市、北部湾经济区为延边重点经济带的重要组成部分。加快建设北部湾这一重点经济区，并将北部湾作为核心，支撑起区域的整体建设。在未来，北部湾不仅要保持自身的发展，还要建立起泛北部湾区域区域合作，以此引导东部地区部分产业向北部湾转移。

（2）北部湾是支撑中南西南地区面向东盟开放的"战略支点"。北部湾与东盟国家既有海上通道、又有陆地接壤，区位优势得天独厚，战略地位突出。早在 2000 多年之前，北部湾区域就参与过海上丝绸之路，并成为海上丝绸之路的重要区域。2002 年中国与东盟签署了关于建立中国—东盟自由贸易区的一揽子框架协议,确定从 2004 年开始,中国—东盟博览会、中国—东盟商务与投资峰会每年在南宁举办,自此北部湾经济区作为中国—东盟合作前沿"桥头堡"的地位得以确立。目前走过"黄金十年"的中国与东盟合作要再创"钻石十年",2013 年李克强总理出席第 16 次中国—东盟(10+1)领导人会议指出打造中国—东盟自贸区"升级版",力争到 2020 年双方贸易额达到 1 万亿美元、中国对东盟投资将至少达 1000 亿美元以上。新的历史时期,北部湾经济区在国家层面的战略定位已经由原有的前沿"桥头堡"跨越到杠杆撬动的"战略支点"。

(3)广西北部湾经济区上升为国家战略。国家越来越重视北部湾地区的发展,并于 2008 年批准实施《广西北部湾经济区发展规划》,正式确立广西北部湾经济带开发计划,广西北部湾经济地带已成为国家战略。基于北部湾港口群的地理位置,北部湾经济区立足北部湾,服务西南、华南和中南,并同时沟通东南亚。并且,北部湾经济区将充分发挥连接重要通道、交通桥梁,成为多个不同国家的合作平台。而且,北部湾作为区域经济发展驱动力,将会支撑我国西部发展成为战略高地,是国家之间高度开放、强烈辐射、经济繁荣、社会和谐、生态稳定的重要国际区域经济合作门户。国家要求北部湾区域在十三五期间顺应新常态发展趋势和时代要求,将产业从中低端向中高端迈进,以平台整合和互联互通升级为支撑,开创一条开放合作的升级路径。国家战略不仅要求北部湾区域整体经济发展,更要求经济发展的空间布局。因此,在未来,北部湾作为内外双循环的交汇点之一,其国内国际地位将越发重要。

(4)北部湾经济区将形成"一带一路"有机衔接的重要门户地带。2013 年中央提出了"一带一路"的战略构想,海上丝绸之路向南带动泛北部湾次区域合作,亦带动中国与东盟港口城市合作,而丝绸之路经济带则连接南宁与贵阳、重庆、兰州等城市,打通北向通道。习近平总书记2015 年参加广西代表团审议时对广西在"一带一路"战略规划中的定位是:构建面向东盟的国际大通道,打造西南中南地区开放发展新的战略支点,形成 21 世纪海上丝绸之路和丝绸之路经济带有机衔接的重要门户。而北部湾经济区无疑将成为这一重要门户的核心地带。

北部湾经济区十几年内接连站上国家战略,可谓面临前所未有、千载难逢的多重机遇重叠以及由此形成的综合政策优势,尤其是北部湾经济区发展规划国家层面批复、中国—东盟自由贸易区升级完善和"一带一路"倡议全面启动这三大机遇的叠加,将使得北部湾经济区成为重要国际区域经济合作区,是继珠三角、长三角、环渤海之后的中国第四个经济增长地区,上千亿的产业投资陆续上马,产业集群将在今后经济格局中扮演主要角色。

1.2　研究意义

区域物流系统的构建和发展是产业集群形成条件及发展基础。物流产业与产业集群之间存在相互依存、彼此推动的战略合作关系,并在支撑区域产业布局发展等方面具有重要作用。所以,多战略规划叠加实施推动北部湾经济区产业集群的壮大及由此引发区域经济的迅速增长,客观上势必催生对物流服务的强大需求。另一方面,在技术进步迅猛以及世界范围内贸易和投资更加自由化的背景下,作为竞争力的一个主要驱动因素,物流关系到一国经济的兴衰,物流技术落后或效率低下的国家或地区很可能丧失全球化带来的贸易机遇。

随着经济全球化过程的加快,区域一体化发展的趋势越来越明显。港湾成为引领国家和地区经济持续发展、保持竞争优势的重要标志。作为重要的物流形式,港口物流成为中国沿海经济带港口产业的主要发展方向。2008年1月16日,我国提议在广西最南这一重要的地区经济合作地带建设广西北部湾经济地带。同时,北部湾地区也是国家计划的第一个国际区域经济合作区,未来,北部湾经济区将会成为中国经济增长的第四大支柱。此外,自2015年一带一路合作倡议以来,广西北部湾港口面临着前所未有的发展机遇。本书与上述背景紧密相连,通过将定性调查与定量研究相结合,聚焦北部湾对港口物流的贡献调查以及对北部湾经济带的经济发展,并提出一些适时性和合适的建议。这对于北部湾地区的发展而言具有一定的现实意义,对于服务我国"一带一路"倡议、响应北部湾经济区开发、开放等国家政策而言,具有重要的战略意义。

中国—东盟自由贸易区升级打造、"一带一路"倡议全面启动、西部陆海新通道总体规划全面实施等旨在推动跨区域资源整合、优化沿线国家经济发展空间格局及让中国产业和产品走出去,北部湾经济区要想担当起"战略支点""重要门户"功能,完成国家赋予的沉甸甸责任,应拥有不同层次、不同辐射范围,能够提供强大而高效物流服务支撑的物流通道,主观上要求必须加大物流设施投资、持续构建通道网络。因此,在多重机遇叠加下客观和主观要求都使得北部湾物流产业迎来重大发展机遇和广阔发展空间。

1.3 研究展望

以往文献对北部湾物流产业的研究多依托产业组织、生命周期和供应链管理等理论展开,普遍关注其组织结构、服务能力、物流绩效等,且多采用层级分析、模糊综合评判和数据包络分析等方法,从内部查找影响其发展的诸多因素。容和平(2010)[25]认为产业融合趋势的发展使得物流服务业在产业关联中的作用更加凸显,只有正确选择和构建物流产业的生态位,物流产业才能实现良好的发展,物流产业的生态位的选择与构建,应该从生态位的错位、分离、共存、一般化、特殊化的角度,以及优先度、背离性、回避和共享等方面。因此,在产业生态位的构筑,即区域空间的选择中,应充分考虑区域空间是否能构筑适合产业的存续和区域发展的生态位环境。利用有限的因素和影响其生态位环境的关系,在资金和政策方面给予支持,为产业集群的生存和发展建立良好的平台,并为产业集群的形成打下良好的基础。

然而,在面对多重机遇叠加及由此引发的经济发展空间格局的战略性调整状态下,忽略了区域内物流产业与其他产业的互动研究,缺乏对其在产业集群中支撑、带动能力及在国际国内跨区域合作辐射作用的实证分析,所以对北部湾物流产业的研究容易造成脱离实际的结果偏颇。

而产业生态位理论通过与自然生态系统进化过程的比较类推,将产业间视同为一个社会网络(Shumate and Lipp,2008)[10],对物流产业型态的演化及其与产业集群的互动能够提供广泛合理的解释(Dimmick and Rothenbuhler,1984)[107]。目前,在“一带一路”等多战略规划相继实施背景下,北部湾经济区的生态环境持续改变,物流产业作为组织之一为求生存的首要前提,是寻找一个有利于其发展的环境条件,这个条件集合则被称为其生态位,物流产业的这一生态位是使物流产业能够实现产业带动和联系的主要路径。基于此,如何摒弃对物流产业发展研究的传统理论框架,从产业生态位理论这一全新视角研究多重机遇叠加下北部湾经济区物流产业系统的演化过程、阶段化特征及生态化路径?如何从科学性、权变性、适宜性视阈下进行北部湾物流产业生态位选择?如何构建能够抓住多重机遇的北部湾物流产业生态位?通过对上述问题的研究,以此配合好中国—东盟合作、“一带一路”等多规划战略实施,成为北部湾经济区实现创新性发展迫切需要研究的重大课题。因此,在多重机遇重叠的背景下,本书探讨北部湾经济区物流产业生态位选择及其构建问题,无疑是一个具有理论和现实意义的管理科学问题。

本书将从产业生态位演化的视角,对上述问题展开研究,试图选择与北部湾经济区产业集群形成良好互动、适应中国产业和产品走出去需要的北部湾物流产业生态位,并随着多重机遇重叠而加以生态位构建。从理论层面讲,能够弥补目前物流产业理论关于物流与产业聚群互动、物流产业生态位演化路径及跨区域物流产业共存和竞争等内容研究的不足,揭示多重机遇叠加下北部湾物流产业生态系统及其生态环境的适应性和作用力,丰富物流产业管理理论;从实践层面看,能够为北部湾经济区实现产业集群协同发展及多态稳定,提高其物流产业生态位在中国—东盟经济生态系统的适宜性,推动中国与东盟国家的产业全方位对接及产业链条日益完善,构建“一带一路”沿线国家、地区和城市物流产业的共生机制等提供理论依据和决策参考。

1.4　研究思路和研究方法

1.4.1 研究思路

本书以生态位理论为基础,沿循"产业生态位—物流业产业生态位—北部湾物流产业生态位"的思路,探讨多重机遇叠加背景下,北部湾物流产业如何配合好多规划战略实施,如何更好地形成物流产业对其他产业的带动效应,从技术、市场和资源三个维度进行生态位的选择及其构建研究,分析国内外典型物流企业生态位建设案例,提出多重机遇叠加下北部湾物流产业生态位重构的具体对策建议。具体内容包括:

（1）产业生态位的识别方法及其一般演化规律研究。通过搜集国内外关于产业发展、生态位和生态位构建理论的相关研究文献,分析生态位以及生态位的应用,再通过类比分析的方法,将生态位等生物学概念应用到产业发展中,从而界定出产业生态系统的内涵与特征。通过论述产业生态系统结构与生态元,阐释产业生态位内涵及其生态位宽度、生态位重叠和生态位优势等生态位识别方法,构建出产业生态位的综合结构模型和模糊超体积模型,并提出产业生态位演化的一般规律。

（2）物流产业生态位的形成机理及其产业带动效应研究。从区域经济学的角度来看,物流产业与现代化产业体系中的要素流动与要素成本的关系非常紧密。现代化的物流产业不仅影响着产业体系的投入要素,更是有着对产业体系要素投入进行分配的作用。从产业生态学的角度来看,物流产业因其特殊性,处于整个生态体系中非常重要的位置。只有摸清物流产业生态位的形成机理,才能进而研究在这一生态体系中,物流产业对其他产业的带动效应。本书基于产业生态位原理研究物流产业生态位演化的条件和动因,通过构建物流产业生态位演化因子的态势感知可视化模型,识别资源、需求、技术、政策和制度等物流产业生态位演化因子,从创新途径、模式选择等方面对物流产业组织形态的演变进行研究,提出物流产业生态位形成机理实质是物流产业内各要素与生态位因子之间的互动匹配状态以及演化方式、演化路径和演化特征的动态变化。同时，选择物流产业与其他产业对区域产业结构调整和经济增长影响程度的"灰色关联分析方法"，测度物流产业与其他产业的关联效应、带动效应及物流产业生态位演化的溢出效应。

（3）北部湾物流产业发展状况及对其他产业发展的影响研究。北部湾物流产业面临严峻的问题与挑战。本书主要从产业生态位的角度，分析并测度北部湾物流产业企业种的 α、β 和 γ 多样性，探讨其企业种内和种间关联性及物流企业种的多元功能，验证北部湾经济区产业生态系统中物流关键种企业。同时，构建北部湾物流产业生态位态势测度模型，科学测度多重机遇叠加时期的物流产业生态位态势，有效识别北部湾物流产业发展状况、演化趋势及对其他产业发展的影响。

（4）多重机遇叠加下北部湾物流产业生态位的选择研究。只有对宏观环境与物流产业所处的生态圈中的位置进行明确解析与分辨，才能得到随着北部湾经济区的发展，物流产业在北部湾经济区中所能够或者将要发生的作用。本书通过解析物流产业生态位的概念与维度，建立北部湾物流产业生态位评价指标体系，重点考察北部湾经济区处于多重机遇叠加下，资源、需求、技术、政策和制度等五大物流产业生态位因子的变动，从技术生态位、市场生态位和资源生态位三个维度测算分析北部湾物流产业生态位水平及演化趋势，并通过构建物流产业生态位选择的熵权模型和动态控制冲突模型，确定生态共生型北部湾物流产业生态位。

（5）多重机遇叠加下北部湾物流产业生态位重构战略研究。针对北部湾物流产业生态位测度、评价及选择等问题，以其与"一带一路"沿线国家物流产业的生态位重叠度和自身综合生态位宽度为依据，相应实施错位策略、分离策略、协同策略和拓展策略。但北部湾物流产业涉及北部湾港、南宁保税物流中心、凭祥综合保税区和中国—东盟自由贸易区等不同组织，生态位构建要结合他们的不同发展状况以及竞争对手的情况采取相应的策略，以此实现北部湾物流产业生态位的可持续发展，营造北部湾经济区产业集聚的生态环境。

（6）国内外典型物流企业生态位建设案例研究。本书选取顺丰速运集团有限公司打造物流生态圈、阿里巴巴集团创新生态系统、京东集团生态位布局及核心竞争力及美国、日本和欧洲部分发达国家发展区域生态文明型物流的典型案例，并进行成效分析，分析对北部湾物流产业生态位选择与构建的启示。

（7）多重机遇叠加下北部湾物流产业生态位重构路径研究。产业生态位构建不仅仅是各产业部门组合构成的变动,同时还伴随着市场结构、技术结构、空间结构等方面的演变。北部湾物流产业只有打破自己原本的核心产业,构建多维综合的生态位,才能形成区域影响,体现物流产业的辐射带动能力。北部湾物流产业生态位构建就是沿着"产业链""价值链"不断向深度和广度拓展的路径演进过程,确立北部湾物流产业生态位构建模型,构建具有较高适宜性和优势度的北部湾物流产业生态位,实现北部湾经济区产业与多种机遇叠加的环境之间的协同正向适宜性演化,使其通过产业空间选择建立与区域经济总量、产业结构、产业类型、人口总量和辐射带动能力要求相适应的布局和层级,并确定自身在国际区域、国内区域发展中的地位。

（8）多重机遇叠加下北部湾物流产业生态位重构的具体对策建议研究。本书首先考虑到物流本身集群现象提出了集群物流产业发展策略;接着考虑物流业与生态环境协同发展,提出相关策略;随后根据研究结论给出区域物流产业生态位构建路径策略,最后提出物流产业生态位优化战略管理策略。

综合上述,本书的研究内容框架如图1.1所示。

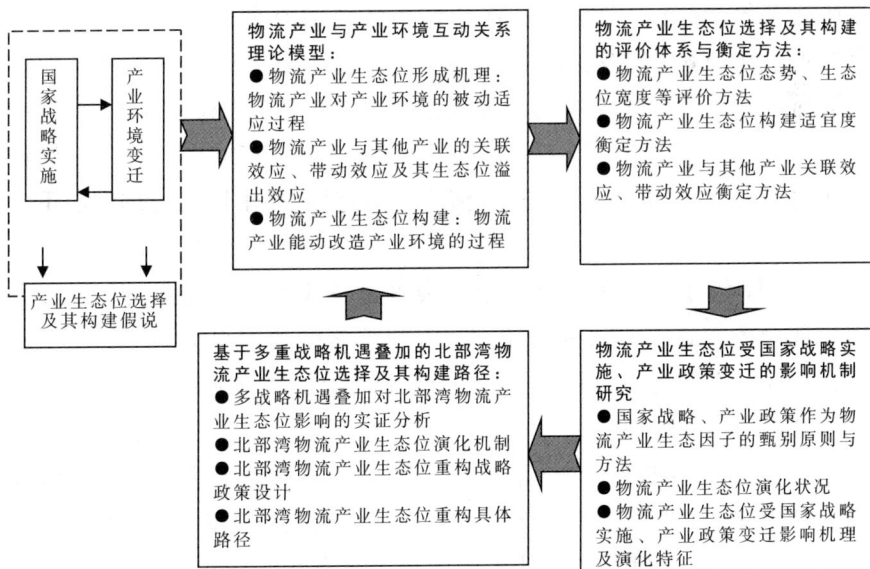

图1.1 物流产业生态位理论分析框架

1.4.2 研究方法

本书是基于提升北部湾物流产业与产业集群的互动水平、在产业布局中的带动能力和在跨区域合作中的辐射作用,配合好"一带一路"等多规划战略实施的现实背景和实证基础上的跨学科研究,研究方法具体如下:

(1)类比分析方法。本书对种群进化与产业演化、物流产业演化,物种生态位与产业生态位、物流产业生态位等进行类比分析,发现物流产业发展过程中与生态位发展相契合的现实依据,并实现其实质性契合;梳理和提取现代生态学中关于种个体、种群和群落等生态元的进化机理,将自然科学原理进行加工处理,并科学的利用在对社会科学的研究方法中,科学合理地映射并拟合于北部湾物流产业生态位的演化规律研究中。

(2)系统论分析方法。系统是由相互联系、相互作用的诸多元素的综合体系。外部环境通过信息、能源、技术等方式,将内容或影响向系统内输入,从而对系统的发展与系统对外部的影响产生作用。基于系统论的分析方法,就是将物流产业生态系统作为一个经济社会生态资源的复合生态系统,物流产业生态位演化作为涉及物流企业种个体、种群、群落等产业生态元、涉及经济系统、社会系统、生态系统和资源系统的多维演化过程。以系统论视角审视和把握物流产业生态位演化的综合性、协同性是必然的研究思路和贯穿全文的研究方法,也是实现北部湾经济区生态共生型物流产业生态位演化的适宜性、科学性与合理性的重要方法。

(3)模型分析方法。模型分析法作为基础的、科学的分析方法,运用数理分析方式得出研究对象与研究目标之间的因果关系。其结果具有相对准确性的特点,可以更好地对北部湾经济区物流产业的发展进行定量分析与定性分析。

(4)实现归纳法与演绎法的完美结合。马克思解决了归纳与演绎的长期对立,实现了二者的真正统一。归纳法是认识许多个别事例,并从一个个事例中收集材料,从中归纳总结具有普遍使用性的一般规律。而演绎法则是利用已经得到的、具有普遍适用性的一般规律,对具体事物进行分析,从而认清事物的发展脉络与发展方向。这样从个别到特殊、再到普遍的推理过程或思维方法,利用到对物流产业,特别是北部湾经济区内的物流产业,将会帮助我们更好认识其发展脉络与未来发展方向。本书根据生态位、产业集群主要思想和方法及其在物流产业研究中的应用,结合北部湾物流产业发展的现状和特点,构建北部湾物流产业生态位选择、构建的研究框架,通过对北部湾物流产业生态位及其构成要素的分析,发现其演化规律,为多重机遇叠加下北部湾物流产业生态位选择、构建提供经验和教训。但归纳法离不开演绎法的指导和补充,演绎法是认识从普遍到特殊、再到个别的推理过程或思维方法,本书根据物流产业生态位研究框架一般性知识引出个别性知识,即从物流产业生态位前提得出北部湾物流产业生态位的特殊性结论,通过对物流产业生态位的系统分析提出北部湾物流产业生态位的选择及其构建路径。

1.4.3 技术路线

本书首先通过讨论目前国内外已有的研究,并对目前物流产业各个方向的研究程度与研究方法进行分析。在国内外已有相关研究的基础上,再从分析北部湾经济区、中国—东盟自由贸易区和"一带一路"等规划战略对物流产业要求与北部湾物流产业动态发展过程所经历的内生和外生变化特征入手,以生态位、产业集聚等为理论基础,通过测度生态位"态、势"、生态位宽度、生态位重叠和生态位构建适宜度等指标实证北部湾物流产业生态位演化的竞争和共生机理,以此指导在多重机遇叠加下北部湾物流产业转型升级、协同发展的实践。具体技术路线为图1.2所示。

关键问题

产业生态位的识别方法及其一般演化规律研究

①界定产业生态系统的内涵与特征；
②阐释产业生态位内涵及其生态位宽度、生态位重叠和生态位优势等生态位识别方法；
③构建产业生态位综合结构模型和模糊超体积模型；
④提出产业生态位演化的一般规律。

叠加机遇

①北部湾经济区发展规划上升为国家战略；
②中国—东盟自由贸易区升级打造；
③"一带一路"倡议全面启动。

关键问题

物流产业生态位的形成机理及其产业带动效应研究

①构建物流产业生态位演化因子的态势感知可视化模型；
②从创新途径、模式选择等方面分析湾物流产业生态位形成机理；
③测度物流产业与其他产业的关联效应、带动效应及生态位演化溢出效应。

关键问题

多重机遇叠加下北部湾物流产业生态位的选择研究

①建立北部湾物流产业生态位评价指标体系；
②测算分析北部湾物流产业生态位水平及演化趋势；
③构建物流产业生态位选择的熵权模型和动态控制冲突模型。

问题提出

选题背景和意义研究

确立研究目的

拟解决的关键问题

明确研究目标对象及方法

研究方案

理论基础

①进化生态学；
②演化经济学；
③产业集聚理论；
④区域创新理论；
⑤供应链理论。

北部湾物流产业发展的影响研究

产业发展状况及对其他

关键问题

北部湾物流产业发展状况及对其他产业发展的影响研究

①测度北部湾物流产业企业种的 α、β 和 γ 多样性，查找关键种企业；
②构建北部湾物流产业生态位态势测度模型，科学测度物流产业生态位势；
③识别北部湾物流产业发展状况及对其他产业发展的影响。

关键问题

多重机遇叠加下北部湾物流产业生态位重构战略及路径研究

①根据多规划战略目标，相应实施错位策略、分离策略、协同策略和拓展策略；
②确立北部湾物流产业生态位构建模型；
③构建具有较高适宜性的北部湾物流产业生态位。

解决问题

重点运用

构建符合多规划战略目标的北部湾物流产业生态位

结合北部湾经济区发展、中国—东盟合作和"一带一路"战略，提出北部湾物流产业转型升级的协同发展模式。

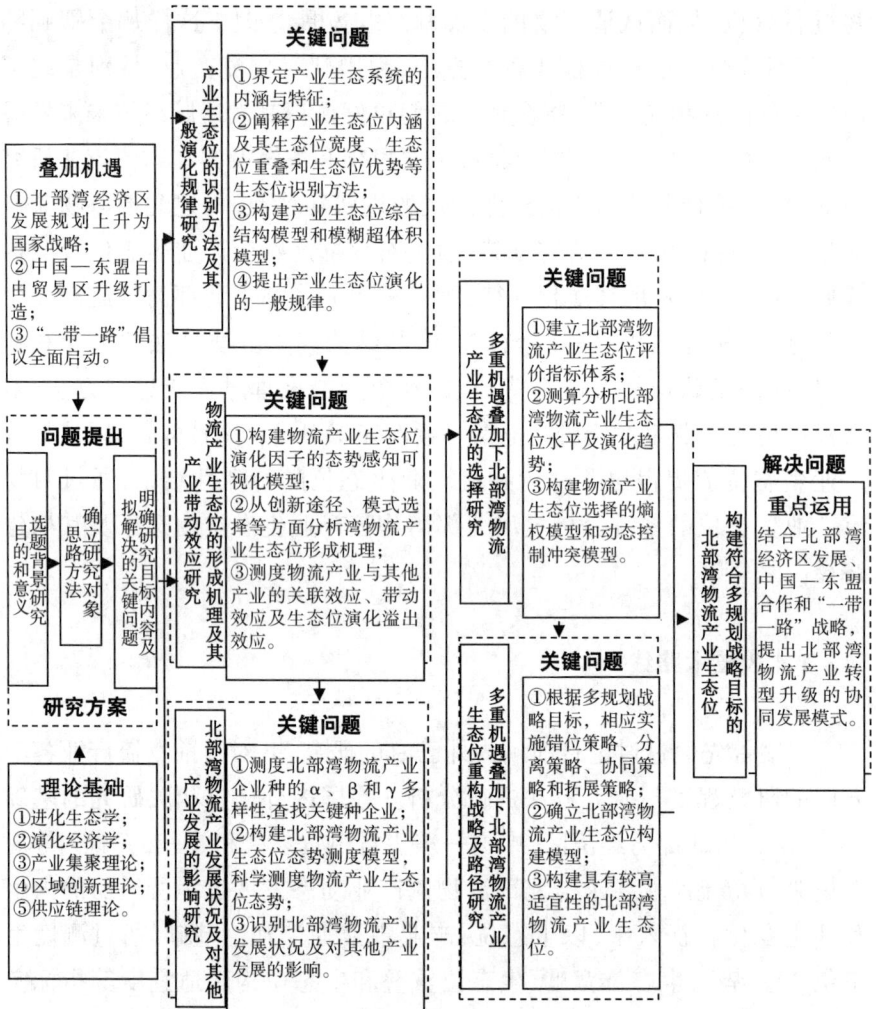

图 1.2 多重机遇叠加下北部湾物流产业生态位选择及其构建研究技术路线

1.5　本研究的特色和创新及不足之处

（1）拓展生态位理论应用边界及实践价值。本书将生态位理论引入多重机遇叠加背景下北部湾物流产业发展模式的创新之中,是采用进化生态理论解决物流产业与产业集聚区内其他产业协同发展问题的一种全新尝试,这种尝试对于促进进化生态学与产业集聚理论的融合、提高进化生态理论的实战价值,以及拓展生态位理论应用边界,具有十分重要的意义。

（2）创新性发展物流产业的区域协同理论。随着西部大开发、北部湾经济区发展规划、"一带一路"等国家战略相继实施以及中国—东盟自由贸易区建设日臻完善,北部湾经济区不断担当起支撑西部大开发的战略高地、中国—东盟合作的桥头堡及"21世纪海上丝绸之路"和"丝绸之路经济带"有机衔接的门户等重要角色,北部湾经济区与国外会有更多的互联互通,相应地其经济区内物流产业的服务供给能力也要求由局部经济区域提升到国际经济区域,亟需全力提升物流产业跨区域合作辐射作用。本书使用生态位理论来系统研究北部湾物流产业带动、辐射作用问题,能够从现实角度,站在战略高度去认识北部湾物流产业发展的内在迫切性,从比较凌乱的现实中寻求到正确方向,不再局限于细枝末节问题处理,而是着眼于未来战略性方向,从根本上为北部湾物流产业能力提升提供不竭动力。

第

2

章

理论综述

2.1　生态位论述

2.1.1 生态位发展历程

1910 年,美国学者 R.H. 约翰逊首先在生态学的表述中使用了生态位一词。1917 年, J. 格林奈尔的《加州鸫的生态位关系》着眼于从后代称为空间生态位的生物学分布的观点来说明生态位的概念,并通过对动物的生态位是指它在生物环境中的地位,指它与食物和天敌的关系的相关表述,首次把生态位概念的重点转到生物群落上来。1927 年, C. 埃尔顿写了《动物生态学》,他相信,"动物的生态位在生物学环境和食物与天敌之间的关系上会找到它的位置"。

20 世纪以后,生态位理论被用来说明自然环境中生物的竞争和合作,描述了生态系统中各生物生存所需的最小栖息地的阈值,包括在区域范围和生态系统中的有机体的功能和作用。生态位理论于 1924 年由格林内尔(J.Gri-nell)开始初步发展,他主要强调了空间概念和地域意义。

1927 年,查尔斯厄尔顿(Charles Elton)进一步开发了生态位的含义,增加了确定该种生物在其群落中机能作用和地位的内容,并主要强调了这种生物与其他物种的营养关系。一种生态位是根据食物和栖息地来决定的,特定生态环境的竞争胜者是最能高效利用食物资源和生活空间的物种,并且其种群出生率高,死亡率低。但是,一些具有相似食物或空间需求条件的相关物种组由于他们的不同生态位而不相互竞争。R.H. 麦克阿瑟(R.H. MacArthur)[1] 的研究发现,在东北美洲的针叶树林中有 5 种和它种群一起居住的鸣禽,那些都属于林莺属(Den-droica),而且都以昆虫喂食,并且对筑巢的要求也类似。但是,鸣禽的不同种类,在取食和营巢的行为上和它们各自的生态位上显示出复杂的差异,至少在食物丰富时防止了竞争。

随着生态位理念的发展,其研究方法也有了新的变化。MacArthur (1970)[1]通过提出资源利用函数生态位的思想,生态位逐渐成为可定量化和可测度的理论体系,即以生态位宽度、生态位重叠度及生态位优势等来衡量(Dimmick,1993[68];许芳等,2006[31])在全世界竞争日益激烈态势下,对生态学的思考以及生态学的思考方式正渗透到了经济管理领域。生态学的思考、理论和方法对产业生态系统和产业组织的研究的应用正成为世界重要的尖端话题和研究动向。1894 年初,当密歇根大学的斯泰亚解释了在菲律宾群岛分开生活的鸟的现象时,他把种子生态位分离的问题带入进来,但没有详细说明生态位的意思。之后,格林尼尔(Grinnell,1917)[63]集中于从生物学的分布观点说明生态位,提出了"空间生态位"的概念,首次把生态位概念的重点转到生物群落上来,提出了"功能生态位"。虽然二者对生态位有不同的阐释,前者强调物种的"栖息地、住所"内涵,后者则注重有机体的生命周期以及如何维持其生命。但至此已经确认生态位是环境的特征、属性。然而,真正建立现代生态位理论基础的是 Grinnell[63]以抽象几何的概念提出的"多维超体积生态位",即允许一个物种生存和繁殖的特定环境变量区间,或一种生物与其他生物和生态环境全部相互作用的总和,此解释涵盖了与物种存活环境所有相关的特征。

国内较全面地介绍生态位理论和开展生态位研究工作始于 20 世纪 80 年代,其间一些学者对生态位概念进行了有益探讨。王刚(1984)[29]以组为概念,重新定义了生态位,认为物种的生态位是表征环境属性特征的向量集到表征物种属性特征的数集上的映射关系。刘建国和马世俊(1990)[20]倡导"扩展生态位理论",生态位是指在生态学因素变化范围内的生态学要素可以占领、利用或适应的部分,并扩大了生态位的研究范围。朱春泉等(1997)[137]提出了生态位状况论和扩展假说,高度整合了自然科学和社会科学的生态位理论,认为生态位是由特定生态系统中的生物单位和环境的相互作用形成的相对位置和作用。

综上所述,可以认为生态位理论是探讨生物族群与环境之间的关系,是以组织生态学的观点来研究群落之中的族群,如何在有限的资源下,相互竞争与共存(Dimmick & Rothenbuhler,1984)[107],也就是如何在环境中,找到适合自己的角色地位,进而获得生存。

2.1.2 生态位评价维度及研究

生态位宽度用来测量族群与环境资源间的关系,也是一个族群受资源变化的耐力、对抗竞争者的能力和对其他妨碍其在环境中生存因素的反映。Dimmick(1997)[68]认为生态位宽度所探讨的是族群与其所处重要环境之间的关系,也是一个族群所需资源的数目及总数量。若集群为了生存,必须依赖较宽的环境资源,则其生态位较宽,这种组织被称为通才;若只生存在一个特定的环境条件或依赖窄的环境资源则称为专才,其生态位较窄,生态位宽度较大的策略是比生态位宽度较窄有较多的预期机会(Medley,2010)[2]。Tseng(2009)[13]认为当组织面对的是数个不相似的环境时,且外在环境的变异非常小的时候,例如市场需求的波动很小,则应采用专才策略,也就是要专注于某一领域组织才能够存活。当组织同样在面对数个不相似的环境,但环境的变异非常大时,应采用通才策略。然而,"专才"与"通才"在资源使用上各有其优缺点,并没有谁好谁坏的差异(Dimmick and Rothenbuhler,1984[107];Dimmick,1997[68])。

生态位重叠从资源利用模式相似性角度来衡量两个族群间的关系,也就是两个族群对环境中相同资源的依赖情形,进而比较出两族群间的竞争程度。Dimmick(1992)[68]认为,生态位重叠度高即是两个族群之间竞争程度高,相反则表示竞争程度低,并进一步提出族群所占有的生态位,通常会有其他族群出现,产生生态位交错的状况,即所谓生态位重叠(niche overlap),并依其对族群增长率的影响分为竞争(对两个族群影响皆为负)、掠夺(对两个族群的影响为一正一负)、互利(对两个族群的影响皆为正)等三类。不同族群之间,针对相同基本生态位进行竞争,竞争的产生及强度与彼此间生态位重叠状况之间有着相等关系,借此可由生态位重叠的分析来了解组织族群间的竞争情形。

从生态位宽度和生态位重叠度的分析中,只能看出族群对环境中相同资源的使用程度与竞争情形,并不能比较出两个族群在环境中竞争时的优劣程度。而生态位优势是用来评估两个族群资源使用模式的优劣情况。

2.2　产业生态位论述

达尔文认为,自然界演化的规则为物竞天择、适者生存,这样的规则让自然界演化至目前的状态。这个观点也可以延伸至产业领域,产业间及产业内也有物竞天择、适者生存的情形发生。因此,可以引用自然生态学的概念来解释产业领域里,产业与产业之间的竞争与合作等行为,以及环境变革对于产业发展的影响因素。

到了 20 世纪末期,生态位在社会科学研究的过程中受到越来越多的关注,是 20 世生态位理论研究并创立以来第二个发展高潮。生态位理论对于研究自然科学领域,并且以类比的方法射影到社会科学的研究领域,研究社会中各种生物单元的地位与作用,社会发展的方向与动力机制等方面,都具有非常重要的意义。

经过多年的不断积累与理论扩展,生态位理论已经在农业、工筑设计、生态规划、经济、教育、政治等多个领域得到了广泛应用。随着人类经济发展,诸多领域都产生了对资源的利用和对环境的适应等相关问题,即都存在"生态位"问题。生态位的概念可以延伸到产业中,形成产业生态位的概念,产业生态位处于整个生态位中的地位高低,即是产业竞争实力的体现。

2.2.1 产业生态位发展进程

自然生态系统的不同物种或体群可以存活下来,往往是因为他们在适当的生态位(微小环境)。在复杂的生态系统中,生态位不仅应用于自然子系统的有机体,而且还应用于社会、经济子系统的功能和结构单位。

Carroll[64] 是第一位推进产业生态位含意向前发展的学者,他研究了市场的选择对产业和服务产业的影响。之后 Baum（1994）[69]进一步开发了产业生态学的想法,他们相信产业在其发展中应该遵循适应自然环境的原理。Baum 指出,产业的生态位不仅为产业的战略商业选择提供了新的方法,还为产业生态学和战略管理提供了桥梁,工业生态位比人口生态位更重要。但是,在工业生态位开发的初期阶段,研究工业生态位的学者没有完全确立工业生态位的理论体系。

关于工业生态位理论体系的确立和生态位建设理论在产业领域的展开,国内外学者都做出了杰出的贡献。纪秋颖、林健[18]（2006）建立了大学和大学生态位建设的理论和数学模型,计算了中国 16 所综合大学和大学生态位结构的进化惯性和进化趋势。并为大学提供了合理评价、制定正确的开发战略、实现可持续发展的新的有效的方法。李自珍[19]（2006）通过建立生态位构筑的空间模型、其具有的相容性计算公式和生态位构造的单一个体群和两个集体的进化动力学模型,分析了个体群进化动力学和种族竞争和共存机制,并且明确了生物和环境资源之间的共同进化的关系。

国外对产业生态位的研究主要围绕两个层面展开:

第一,产业与有机体相比较,其繁荣与衰退的过程与生物的诞生、老化、死亡的过程相同。Lubatkin（2001）[70]参照生态位法扩展战略经营和产业组织论,在说明产业界的并购方面,发现这种研究方法有很大的优点。Greve（2006）[71]提出,生态位变化是动态的学习过程。通过对挪威保险产业的研究发现,产业生态位的变化可以减少失败的概率,竞争压力也有助于促进学习过程,并从人口生态位的角度观察了 1996 年到 2006 年集装箱产业的变化,分析了集装箱产业的产业竞争密度和贸易渠道选择的战略决定。Cardozo（2011）[72]使用人口生态位理论研究了大学技术商业化产业。通过对大学技术经营者协会的调查,发现其成长缓慢,大学技术转换的过程也低效,并提出社区的市场生态位。为了研究其他社区所制约的范围,使用组织生态学,提出地理位置相似的社区占有相同的生态位。

第二,人口与产业数量和环境资源的关系。Dobrev（2006）[74]通过对 1985—2002 年的汽车产业的分析,发现汽车产业的种群变化与生物学社区的形成相同,因此提出了一个理论框架来研究产业生态学变化以分析产业界各个企业之间的相互依赖性。Salimath（2011）[9]指出,人口生态位理论是研究组织变革的非常宝贵的方法,可以在未来的组织可持续发展、与环境的整合、组织生态位的维度、组织的生存水平等方面作出非常大的贡献。基于生态位理论,Antai 和 Olson（2013）[76] 认为物流中心是供应链竞争的平台,供应链将在这个平台上竞争,以吸引同一平台的竞争对手。在生态位理论中的均衡或均衡并不意味着资源的完全共享,而是由新竞争对手与原竞争对手之间的相互作用实现的均衡结构,获得生态位。

国内研究人员在产业界应用生态位的研究还处于刚起步阶段。具有代表性的观点有:于法稳（1997）[32] 根据企业生态位的意义,制定了企业生态位的综合评价方法,并分析了企业生态位的三个层次:开发能力、竞争力和生存率。运用生态位理论,分析了物流市场有代表性的第三方物流企业的生态位的最佳分配及其竞争性、合作关系。然后,建立第三方物流同盟的生态位结构模型。谢春讯等（2006）[118] 通过分析物流市场中综合物流市场、区域物流市场、专业物流市场之间的竞争与合作关系,分析生态位理论的基础,并研究了物流市场中第三方物流企业的最佳分配。以此根据生态位理论研究了第三方物流企业竞争与合作的发展。容和平等（2010）[25] 认为,生态位重叠与产业间的竞争强度直接成正比,而生态位宽度与产业的适应性直接成正比。利用物流产业的生态位选择和区域产业结构调整之间的相关效应,选择符合地域产业优点的物流产业发展模型,有助于产业结构调整,并进一步利用生物学类推法研究了产业生态位的控制、优化和选择。他认为工业产能和资源需求的交叉点是产业的关键,交叉点取决于环境和工业布局的关系。朱瑞博等（2011）[34] 认为,架构的革新是为发展中国家的企业提供宝贵机会窗口并占有有利优势,是优化企业生态位的有效方法。周运兰（2011）[119] 从生态位的角度分析了少数民族地区企业资金的困境。金融生态位的宽度很窄,有金融生态位的重复性高和生态位资金的低强度等缺点。为了解决少数民族地区企业融资困境,有必要改善企业实力和企业金融利基。叶芬斌（2012）[120] 在技术革新和技术范例的研究上下了功夫,确立了基于技术生态位概念的战略生态位管理理论,在生态学、进化经济学、技术研究之间架起了桥梁。并且,提供了对技术变化研究的全面分析的新想法。朱俊、杨慷慨（2015）[33] 发现,建设生态位可以加强职业教育的空间选择效果,使职业教育适应多种不同需求类型。

2.2.2 产业生态位评价及内涵拓展

社会经济系统是一般的生态系统,企业和产业是一种物种或生态系统的"集体"。如果这个集体在社会经济生态系统中长期存在和开发的话,它必须有一个完整的位置,并起到一定的作用。因此,集体发展的重中之重,就是占有适当的生态位,也就是产业的生态位。产业生态位将产业界的位置反映在由资源、社会资源、经济资源等产业生态学因素形成的倾斜地带,并反映了产业在生活空间中的物质、资本、人才、技术、信息流中的作用。各产业都有自己的优势,产业和环境关系最重要的一个方面是,产业必须利用优势不断地适应环境,冷静慎重地选择自己的优势。产业生态学的理念支持企业优化资源生产率,提高企业竞争力。针对特定地区,其生态位条件包括原料资源、人力资源、融资渠道、运输与沟通、市场状况、政府方针、基础、公共环境、科学与技术、文化背景等。此外,竞争对手、企业和工业合作伙伴,以及面临外部环境区域的行业等方面都包含其中。因此,企业要想生存下去,需要与产业生态位长期发展相乘,所处区域需要适合人口的生态位条件。

2.3   物流产业论述

2.3.1 物流产业发展进程

为了定义物流产业的概念,研究人员从各种角度对其进行研究。国家关于国内外物流产业定义和性质的研究成果,在学术研究报告书中几乎没有提到过,主要多见于商业性的研究报告,研究方向也主要集中在供应链管理技术和物流技术等应用领域。随着中国物流产业的持续发展和对物流行业研究的关注不断改善,近年来,学术界在产业范畴内统一分出一类物流行业,并且认为物流行业是复合性的主要产业。但是目前在精炼物流产业、物流行业的边界、物流产业的概念定义方面,学术界还有一些争议。不同学者和学术研究机构对此有不同的解释。

学术界一般将物流归之于产业范畴,因此,物流产业的内容以经济学的角度定义。国内学者如李学工(2003)[121]等的相关研究指出,物流行业本质上是一个组织的集群。通过高效的服务操作,该组织集群可以为顾客提供在特定空间内移动商品的服务。这个概念将物流行业定义为组织集群,说明了这种组织集群的目的是高效的物流业务。但他没有进一步的精炼定义,因此,这个概念定义在从产业层面促进物流产业发展的方法中起不到很强的参考作用。王述英(2006)[36]认为物流产业是概念性产业,是优化"事物"流程的服务。这个定义从物流功能的角度理解了物流产业。因此,有必要从系统理论的角度对"事物"的流动优化过程进行细化,并综合考虑外部因素的影响。蒋笑梅、李贵春(2010)[35]指出将物流行业的内容模块按生产部门进行整理,再以具体的物流产业政策为目标的同时,扩大物流产业的概念扩展,动态扩张使政策制定更加灵活。因此,物流行业的概念定义从产业发展和系统的角度扩展了物流行业的意义,有助于明确定义物流产业的边界。

另外,相当多的学者也对物流产业的空间布局进行了详细的研究。在研究物流产业的空间布局时,周悦(2011)[40]取得了物流事业的开发运营商的授权,得以深入调查,其主要的研究对象是物流园。通过分析第十一个五年计划期间的运输量预测,确定了物流空间布局计划的原理和目的,陈述了对南方和北方的不同物流公园的布局计划和建设计划。刘玲瑞(2011)[122]基于对陕西十个城市的基本数据的综合分析,利用分析层级过程和社会网络分析的组合,对陕西物流节点建议有必要将物流组织和信息网络拆分为四个层次来构建。张雪芹、刘琼(2021)[123]以甘肃省为调查对象,分析了年度末的总货物量、总物流产业生产值、道路实际长度等与物流相关的 9 个指标数据,并使用了主要成分分析。利用因子分析和熵方法对甘肃省的物流节点进行分类和定位,计算并对其进行排名,使用 GIS 技术,集群分析和哈夫模型来定位物流节点的综合价值。彭英、陆纪任、余小莉(2021)[124]根据江苏省 13 个样本城市的物流统计数据,研究区域物流网络建设过程中的问题,并引进了一个修正重力模型来计算 13 个城市之间的重力值。在计算过程中,使用熵加权方法解决了不同权重的不同问题,使用运输加权积分来替代传统的单个空间的积分,并考虑了江苏省"南方高,北方低,西部和东部弱"的物流产业特点,得出物流网节点的水平,辐射范围,通道构成方式。

外国学者也对此持有独特的见解。阿尔弗雷德·韦伯从仓库布局的观点出发,首先调查了仓库空间布局计划的问题,以使从仓库点到周围散射需求点的总运动距离最小化。从此,许多外国学者逐渐认识到物流节点位置合理化的重要性,并开始深入研究这个问题。Odum(1971)[5]提出了一种系统地研究以最大化利润为目标的仓库动态布局,并使用多个静态最佳布局共同战略来解决阶段布局问题的方法。Wratten[7]着眼于车辆的路径优化问题,在配送中心的布局优化问题上构建了混合数理计划模型,并给出了启发式求解算法的思路。Lubatkin[70]提出了一种稳健的车辆路径选择算法,用于不确定的运行环境中的协调分布,并提出了一种布局理念,即由城市物流节点作为研究对象,深入研究产业的空间布局计划,建立加速物流效率的集中物流节点网络。

从国家水平来看,物流行业的定义标准也与学术界不同。目前,国家经济产业的行业分类中,中国国家标准局编译公布的行业代码包括物流行业,运输业、保管业均是相互独立的产业。综上所述,物流产业的定义是多种多样的,组织和事业比较分散,没有在广泛的领域确立完全统一的概念。但是,很多研究倾向于综合概念,即物流产业,是综合交通行业、仓库产业、信息产业、包装产业和货物运输产业的复合服务产业,其本质是物流行业中包含的模块的内容。各界专家学者都相信物流产业在复合产业的构成方面综合了多个产业分类。例如,美国的物流协会认为物流行业包括供应产业、交通工具行业、铁路行业、物流咨询行业、水运输产业、航空行业、海运行业、小包装运输行业、仓储行业、港湾产业、第三方物流行业、多模态运输行业。2001年4月17日国家发布的物流术语国家标准将物流定义为从供应场所到供应场所的商品的物理流程,结合实际需求,将运输、保管、处理、包装、流通处理、流通、信息处理等基本功能有机组合在一起,从而符合中国目前的需要。现代物流百科全书指出,物流行业是指由铁路、高速公路、水路、航空、产业生产形成的产业等基础设施,实现商业批发、零售、第三方制造的仓库、交通机关和综合性物流企业的商品物理位移。

基于物流行业的概念定义,物流行业具有两个非常明显的特点:系统性和整合性,即物流产业是将多个产业整合起来的复杂系统。物流行业有三个特征：第一，物流行业是指将物流活动和各种各样的物流支援活动作为事业内容的营利事业。第二，物流产业不能成为物流活动和物流事业。物流行业是专业化、社会化的物流活动和物流事业，物流行业的业务内容是物流组织和物流事业相关的物流活动，组织内的物流活动和物流事业。例如，生产企业、循环企业、物流活动和物流事业很多，但是这些物流活动和物流事业本身并不是物流产业。只有将这些物流活动和物流事业独立社会化才能称为物流产业。第三，物流企业是一个经营个体，其业务内容是物流活动和物流支持活动，他们也是物流行业的主要群体，物流行业是物流企业的集合，即物流企业的集团物流企业是微观概念，物流行业是宏观概念。

2.3.2 物流产业的功能

2.3.2.1 物流产业对经济增长的支撑作用

物流产业作为一种基础服务业，在深化社会分工、高效配置社会资源、生产效率的提升等方面有着不可或缺的积极作用。目前，随着社会资源的丰富，人们生活需求的提高，再加上不同行业间、不同企业间的分工越发明确，带来物流产业的飞速发展，也使得物流企业的专业化程度与专业化水平有了跃进式的提升。

从经济区域发展的角度来看，物流产业对推动整个区域协调发展，具有不可磨灭的作用。从我国的整体经济发展来看，物流产业对一个地区经济发展起到的最直接的影响，就是辐射周边地区，带动周边地区经济发展，并扩大核心地区的影响力。众所周知，我国城市的发展模式、我国一个经济区域的发展模式，一直以一个中心为基础，不断向四周扩散，并以产业为优势，形成独具特点的地方经济优势，并以辐射效应带动周围区域经济发展。随着发展的不断深入，传统经济的劣势便不断显现，区域经济发展失衡现象愈加明显。而随着物流产业不断深化发展，物流产业所具有的经济区域间辐射效应的作用，具有打破传统区域经济范围的优势，可大力推动区域经济的平衡发展，从而推动整体经济的扩张。

2.3.2.2 物流产业对社会生产流通的积极影响

随着社会的不断发展,生产企业所生产的产品越来越专业化,越来越集中在特有的相关领域之中。在生产过程中,需要物流产业相配合的环节也有所增加。物流产业作为一种资源配置与资源流通的产业,对整个经济区域中,各个生产环节资源的加速配置也起到重要作用。在现代生产过程中,物流活动包括从原料供应、保管、销售再利用的运输到实现从生产者到消费者的商品转移的过程。因此,最受物流产业发展影响的活动场所主要集中在社会循环领域。物流产业的发展和现代物流技术直接影响了社会循环的质量和效率。先进的现代物流技术和管理等,只需时间的生产就可以有效地节省循环速度。

2.3.2.3 物流产业对资源配置的优化效应

良好的物流服务的发展,不仅可以为公共和企业提供高品质的服务,还可以促进社会和经济的发展,并成为经济发展的重要保证力。面对快速的经济发展,只有通过加强物流网络资源优化与整合,才能满足社会经济开发的需要,有效改善服务质量和服务效率,更能促进社会经济发展。物流产业的发展不仅能满足社会上的人们和企业的需求,而且也会对国家和地区的经济发展产生一定程度的影响。现代物流产业的发展,依靠不同地区经济发展的优势,既可以促进劳动和合作的分割,也可以促进世界资源的有意义的分配。

2.3.3 物流产业结构与转型升级

21世纪初,随着计算机技术和网络技术的发展,物流产业结构、转换和升级也越来越受到关注。例如,汪同(2002)[125]提出了物流企业的电子商务转换模式,并认为可以采用三种基本模式,提议建立企业网站、建立B2B电子商务平台等电商环境,必须将物流服务公司转换成第三方的物流企业。刘秉镰(2003)[126]在信息化基础上引入了物流我认为在促进港口高度化方面发挥了很好的作用。这里主要从现代科学技术应用的展望和产业关联的视角加以分析。

2.3.3.1 现代科学技术应用视角

技术属性是物流产业的重要属性。欧美发达国家的发展经验表明,现代物流产业具有从宏观水平和微观组织水平两方面驱动的技术特征。中国物流产业的转型升级,具有资本驱动和科技驱动的双重特点。其中,以技术信息化为主的技术是中国物流产业变化和高度化的主要实施例(刘向东,2009)[88]。因此,必须着眼于流通技术的革新,推进新的特殊循环组织形式,积极发展循环型产业的开放,为了促进物流产业的转型升级,采取一系列有效的对策。在技术革新的过程中,应该注意技术整合。技术革新和整合是物流产业成长模式转变和升级的必然趋势,是物流产业从传统发展到现代化发展的重要驱动因素。魏际刚(2014)[130]总结了 20 世纪中叶到 2010 年物流技术的变化,发现重要技术革新的应用大大促进了物流产业的发展。因此,物流产业的转换和高度现代化被认为依赖于技术革新。在物流产业转型升级的重要时期,物流技术创新是推动生产力和转化升级的重要力量。同时,物流产业的运输能力的提升,也广泛依赖于大型机器设备和标准化设备,因此物流产业的标准化进程也是物流行业转型升级的重要手段,特别是物流行业的标准化建设与产业的高度集成化(张宝友,2013)[131],加快物流产业的标准化是实现物流行业快速变革和现代化的重要工作。近年来,随着互联网的快速发展,中国物流产业的转型升级和技术环境的良好基础已经建立起来。中国可以建立基于互联网的智能现代化物流系统,物流实时感知系统,用户智能服务系统基于物流管理和智能调度系统和电子商务系统,构建智能物流系统,实现物流信息化和智能性,互联网将成为促进中国近代物流产业发展的重要平台。

目前的研究主要集中在电子商务和物流产业的结合上,以促进现代技术和设备和信息产业的转换和升级为物流行业的手段应用。现代物流业已成为跨行业的大型产业,是解决物流和信息流协同效应的研究焦点产业。因此,今后的研究趋势是关于建立物流信息平台的研究,以及着眼于电子商务、物流服务、整合平台的构建与研究,探讨跨行业与地区知识物流信息服务平台的构建。进而研究商品跟踪与定位、射频识别技术、可视化技术、移动信息服务、物流行业的智能交通与位置服务的组合,实现研究成果与互联网的有效组合,建立云计算、大数据、商业地理信息系统和商品服务跟踪系统。

2.3.3.2 产业联动视角

物流产业是不能自己独立发展的服务产业。为了实现自身值必须依赖特定的产业形态。因此，物流产业的转型和升级与其他产业的发展是不可分割的。在这一点上，学者也进行了一系列的研究。

第一，促进产业转型升级的制造业与物流的关系。物流产业商务量的 80% 来自制造业，关于两个产业之间的关联的研究是工业关联研究的主要局面。梁子婧（2021）[132] 认为，物流行业的创新是未来价值创新的重要方向，可以有效促进客户价值的实现，对循环组织的革新具有重大意义，为了加强循环技术的革新，进而促进循环系统的创新，需要实现制造业和物流行业的共同转换和升级；高波（2021）[133] 就煤炭行业物流企业转型应用进行了讨论，提出了四个方面物流行业转型升级战略：业务拓展、内部管理、创新和政府支持，并考虑通过整合供应链、物流融资、流通、加工等物流业务进行差别化竞争。

第二，农业和物流产业的共同发展。中国加入 WTO 时，就提出农产品物流机构的革新有助于农业的转换和高度化。苗渝婧[134] 从价值链的角度论述了物流流通产业发展的重要价值，从提升农产品产业到提升农产品循环产业、从供应链整合物流链到以区域为中心的物流链以及物流链模式升级路径的角度，讨论了农产品物流的转换和升级，并指出在扩大主要农产品物流企业的基础上，从全产业链的角度，促进农产品物流产业的升级。此外，一些学者还从商业前景研究了商业物流的转换和升级。例如，易开刚[135] 相信，在外贸制造业"出口转内销"的背景下，浙江省商业物流流通的发展，可以促进浙江出口制造企业产品的销售困境的解决，并表示商业物流被认为是连接消费和实现商品交换的重要环节。推进流通物流的现代化过程中，商业物流的转型和升级发挥着重要的作用。

产业关联是国务院发布的物流产业调整和再生计划的重要部分，也是中国中长期规划发展物流产业的重要内容。目前，中国物流产业与相关产业的关系尚不充分，未能反映物流行业的最高效率。因此，今后的研究首先着眼于物流产业和相关产业的关联匹配研究。为了提供企业决策和政府决策的支持，有必要根据时间和地方情况调整物流产业链，密切联系区域经济的现实需求和产业发展目标。其次是关于物流产业和服务产业的合作的研究。中国的物流产业一般由中小企业控制,所以企业规模较小,企业面临着巨大的融资压力。研究物流产业和服务产业如金融、保险等合作,提高物流企业的服务水平,促进产业的转换和高度化。

2.3.4 物流产业发展的影响因素

近年来,物流产业成为衡量国家经济开发水平的重要因素之一。物流行业和经济发展越来越紧密。近年来,研究人员对物流经济学进行了深入的探索,并对影响物流产业发展的影响因素进行了研究,并从宏观和微观层面分析了物流行业发展的影响因素。刘玲瑞[122]基于对陕西十个城市的基本数据的综合分析,利用分析层级过程和社会网络分析的组合,对陕西物流节点建议有必要将物流组织和信息网络拆分为四个层次来构建。刘颖(2015)[136]从长江三角洲物流开发的一般情况和演变模式开始,分析了地方物流的总体发展趋势。为了优化地区物流网络,采用定量和质分析的组合来推进对策。针对江苏省 13 个样本城市的物流统计数据,引进了一个修正重力模型来计算 13 个城市之间的重力值。在计算过程中,使用熵加权法解决不同权重的不同问题,使用运输加权积分来替代传统的单一空间的积分,考虑到江苏省的物流特性是"南高北低,西壁和东弱",将影响物流网络节点的级别、辐射范围、信道构建方案所获得的物流发展的因素和影响供应的因素进行划分,使用灰度级相关分析方法进行预测,并选择了 22 个物流产业的样本,研究了物流产业的附加值和附加值之间的灰色相关性。针对物流产业的附加值和附加值之间的灰色相关性的成因,使用因子分析和集群分析的方式来调查其影响因素。张广胜(2014)[93]选择物流经济环境、物流开发水平、物流基础设施、物流开发潜力等指标,对中国物流产业发展水平进行评价。物流能力测定的物流信息化水平的重要性正是研究中国物流产业发展的源泉。研究表明,第二产业是中国物流产业发展的主要动力。但在另一方面,第三产业是中国物流产业需求的主要源泉。其以1978—2014 年的面板数据为基础,研究了中国物流产业的成长与因素置换的弹性关系。在他的研究中,元素置换弹性模量的分布差一般在东西之间,东部较低。但物流产业的成长和替代因素离子弹性模量显示出正相关性的特征,这表明改善因子置换弹性在加速物流产业发展方面起着重要作用,不同地区的物流行业的差异可以通过改变因子置换弹性来减少。

综上所述,国内外学术界对于物流产业空间布局优化的研究已经很多,多数都运用了定量分析和定性分析相结合的方法,但基本都是对区域内各行业物流混合而谈,没有进行细致的产业划分,很少涉及特定产业的物流空间布局,以及物流产业空间布局对物流产业发展的影响因素。

2.4   物流产业生态位论述

2.4.1 物流产业生态位资源要素构成

生产要素是生态位要素的重要组成部分。《辞海》对生产要素的定义是"可用于生产的社会资源,一般包括土地、劳动和资金(资本),有时也包括企业家的才能"。《简明不列颠百科全书》中表述,"生产要素是用于商品和劳务生产的经济资源。"国内外广大经济学者普遍认可生产要素就是为进行生产而投入的各种因素。如"所谓生产要素就是指人类进行物质资料生产所需要和使用的各种具有相对特殊功能的基本因素。它具有直接或间接被生产所需、明确的产权归属、各自功能互相组合、范围不断变化以及使用增殖性等特点";"生产要素就是指物质资料生产所必须具备的基本因素或条件";"生产要素是进入生产过程并最终发挥作用的各种资源";"生产要素是构成生产经营活动的必要组成部分",等等。

可见,生产要素作为生产过程的必要投入,其数量和质量影响着一个社会的物质生产和财富的创造。生产要素本身不是一个静止不变的概念,而是体现出很强的历史性、经济性和社会性。随着科技进步和社会生产力的快速发展,生产要素的构成愈加细化并具有多样性,这更加凸显了传统理论中关于生产要素假定(劳动、土地、资本、企业家才能等)的非现实性。就生产要素的构成类别而言,一般可以基于自然形态的技术属性,将生产要素分为不同类别;也可基于成本收益的经济属性,将生产要素划分为不同等级。由于不同类别的生产要素在生产中所处的地位和所起的作用不同,各类生产要素主体之间的社会关系及要素收入结构必将随之发生相应的调整和改变。

对于物流产业来说,物流产业整体是物流资源产业化而形成的,所以物流产业是一种复合型产业。对于物流产业这种复合型的产业来说,其在特定尺度下特定产业生态环境中的职能地位,以及在一定经济区域中的生态位资源环境,即由自然资源、社会资源、人力资源等生态因子所形成的梯度位置决定,同时生态位要素构成也反映物流业在经济生态系统的价值流动、物质循环和信息传递过程中的角色。

一般来说,物流的性质和物流产业的主要特征一般由物流产业的生态位来表示。通过对物流产业生态位的调查,可以探究物流产业的功能定位。科学定位物流产业的产品、时间、空间,合理决定产业状态、事业行动、产业结构。与自然生态系统类似,物流产业生态位是由产业生物学因素和非产业生物学因素的相互作用所选择和构建的。从生物学的观点来看,物流产业所拥有的人和财力、技术条件、顾客和市场等要素,可以作为整体物流产业本身的生物学因素来使用。产业生物学因素构成了与自然生态系统类似的生态链。不同的链条缠绕在一起形成坚实的网络结构。材料、能源、信息通过网络在产业生物因素之间循环。物流产业系统的非生物因素主要为社会因素。社会因素主要是指影响物流产业存续和发展的各种宏观经济因素,如政策、命令、经济环境、科技水平、社会、文化背景等。因此,物流产业的生态位状态与其他产业的个人或社会环境构成的外部系统密切相关。其本质是指物流行业在特定规模的特定产业生态学环境中的功能定位。物流产业的变化是物流产业内外环境因素的共同变化和自身特性的结果。在物流产业的生态位建设过程中,要根据生态环境的特性选择适当的生态学对策,占据特定的生态位空间,实现协调进化。

2.4.2 物流产业生态位资源要素类型

2.4.2.1 传统物流产业生态位资源要素与现代物流生态位资源要素

传统生产要素也称"硬要素",主要是指那些被传统经济理论和生产实践广泛认可的最基本的投入要素,包括劳动、资本、土地等。这类生产要素数量的稀缺性,对社会生产能力进一步提升和扩大的制约性比较明显。而诸如技术、管理、信息、知识、制度等现代要素即"软要素",则大大拓宽了生产的广度和深度,能够深入挖掘和释放生产的潜力。而且这类要素的投入可对传统生产要素加以渗透改造,从而使其不断释放新的活力,甚至将一些传统生产要素转变提升为现代生产要素。1996 年,国际经济合作发展组织在《技术、生产率和工作创新》的报告中就明确指出,"各种形式的知识在经济发展中起着极其关键的作用,知识作为生产要素有着更高的产出。"随着生产力的不断发展,人们不断突破传统经济理论,从更广义的层面认知生产要素的构成,并日益发现那些来自政府的特殊政策、先进制度、营商环境、基础设施及管理创新等因素,在企业生产过程中发挥着越来越重要的作用,从而将它们也归入现代生产要素的范畴。

2.4.2.2 初级生态位资源要素与高级生态位资源要素

初级生产要素主要是指那些天然存在的、与社会经济发展程度关联较少的要素,如自然资源、简单劳动力等。在具体的生产过程中,如果这类初级生产要素投入比例过大,往往会导致产品生产高能耗、高污染及边际效益递减等后果。而伴随社会经济发展能不断提升自身质量的生产要素则被视为高级生产要素,如资本、科技、信息、管理、知识、创新等。一般而言,高级生产要素普遍具有资源无限性、科技创新性、环境保护性及边际收益和规模收益递增等特点。高级生产要素由于具有高收益率,因此主导着价值链的分工,一国或一个区域要想占据价值链的高端就必须拥有高级生产要素。当然,高级生产要素和初级生产要素的界限并非泾渭分明,即使同类要素也有不同层级之分,如不同质量的劳动力、不同肥力的土地、不同水平的科学技术、不同层次的知识和管理及不同代际的信息网络设施,等等。不仅如此,初级生产要素和高级生产要素在一定条件下也会相互转化。在很多发展中国家和地区,伴随持续的学习和培训,以及通过不断吸引高级生产要素的融入和渗透,原来一些初级生产要素会发生质的变化,不断向高级生产要素转化和提升,或日益被高级生产要素所淘汰和替代。可见,高级生产要素和初级生产要素的划分不是固定不变而是动态发展的,原来的初级生产要素有可能转变为高级生产要素,而原来的高级生产要素也可能因为故步自封而日益沦为初级生产要素,甚至被新的生产要素全面取代。

2.4.4.3 流动性强的生态位资源要素与流动性弱的生态位资源要素

现实中各类生产要素的流动性是有差异的。有的生产要素流动性很强,如货币资本、人力资本、技术专利、品牌、信息和管理等;有的生产要素流动性很弱甚至完全不流动,如一个地区的自然资源、土地等生产要素;还有的生产要素流动性受到国家政策的限制,如前沿的敏感技术及高精尖设备等要素的流动往往会受到限制。劳动力的流动是世界经济中重要而普遍的现象,但在大多数国家或区域政策中,一般都是鼓励高级劳动力流入而限制初级劳动力流入。市场经济的健康发展需要良好的要素流动环境,只有具备良好的要素流动性,各类生产要素才能基于逐利的目标,寻求价值洼地而不断自由流动,与其他生产要素自由组合,在获得源源不断的市场要素回报的过程中,形成个人收入及地区收入均衡结构。在经济实践中,一些落后国家及区域之所以实现了经济发展和产业结构升级,往往都是高度依赖于各种高级生产要素自由流动和不断集聚。正是基于资本、技术、品牌、管理等具有较强流动性的各种高级生产要素,不断向劳动力、自然资源和土地等流动性差的要素所在地流动,并与之形成不同的生产要素组合,形成和推动着全球化的分工生产与合作。毕竟,产业结构的高级化是以生产要素的流动性和高级化为基础的,没有与特定先进产业相适应的高级生产要素,产业升级只能是规划中的目标。只有通过要素流动,才能改善区域要素结构,进而推动产业结构升级和区域经济发展。

2.4.4.4 私人生态位资源要素和(准)公共生态位资源要素

生产要素就如同产品市场上的私人产品一样,由市场价格机制决定生产要素价格,从而决定不同要素所有者的要素收入水平。然而,传统理论中的生产要素假定具有非现实性,这不仅表现在其基本构成上,还表现在并非所有生产要素都同时具备排他性和竞争性这样的双重属性。类比产品市场,生产要素也可据此分为以下四种:第一,私人要素,即同时具备排他性和竞争性的生产要素,如劳动、资本、土地、企业家才能、技术等。第二,公共要素。一些生产要素同时具备非排他性和非竞争性,如免费的交通及互联网等基础设施;还有来自政府的政策、制度环境、基础研究及公共管理等因素,如政府的资金资助、项目优惠、人才引进、国家实验室科技成果等。这些要素若是不加区别地提供给经济中所有的微观企业,则也是同时具备非排他性和非竞争性的一种公共要素。第三,公共资源。国民经济中如矿山、草场、山林、公海等资源因具有非排他性和竞争性而成为公共资源。一些来自政府的优惠政策,如果因政策有限性和时效性而产生挤出效应,也应归属于具有非排他性和竞争性的公共资源范畴。第四,俱乐部要素。那些面向特定企业提供的信息及政策类要素,因为具备排他性和非竞争性而成为俱乐部性质的生产要素。

2.4.3 物流产业生态位发展状态

产业生态位理论中的生态位宽度和生态位重叠与产业战略应用有密切关系。生态位宽度是指生态位覆盖空间的大小,生态位重叠是指行业间生态位的相似性或两个生态位因素之间的相同比例。这两个概念影响产业的竞争和合作关系。一般来说,生态位重叠与产业间的竞争强度直接成比例。物流行业包括水路、高速公路、铁路、航空、管道等五大交通系统,以及制造、商业、运输、运输、包装、通信等服务,还涵盖包括农业、产业、商品贷款、仓库、包装、储藏所、电子商务、通信、银行、保险等生产者和消费者。同时还包括政府、海关等行政部门。物流产业具有很强的生态位,与其他产业的生态位重叠度很高,因为其他产业物流产业有很强的关联性,所以很难准确衡量物流产业的生态位。因此,物流生态位的选择和构建有着特定的复杂性。生态位宽度和重叠与生态位的"一般化"和"特殊化"有关。激烈的市场竞争容易导致产业生态位的"一般化"和"特殊化"现象。在区域资源要素不足的情况下,产业往往形成广阔的生态位,产生一般化,而在地域资源丰富的环境中,劣质资源被放弃,被专门化。一般化可以使用更多的资源,但是有竞争倾向的物流产业生态位宽度特殊化,和其他产业生态位重叠的程度很小。物流产业生态位的建设可以影响资本资源、人力资源、技术资源、基础设施资源、客户资源,甚至政策资源。合理建设物流生态位,可以提高物流产业的资源利用效率,提高物流行业的生存性,改善居民生活环境,扩大市场空间,改变产业链的循环模式,促进产业系统的良好循环。

2.4.4 物流产业与三大产业间的生态位分析

当经济发展到一定程度之后,各个产业之间不再是相互独立存在的个体。产业间相互关联构,最终形成产业经济循环圈,产业之间有着千丝万缕的关系。而物流业作为一种极为特殊的存在,在产业链中有着极为突出的作用。物流服务作为产业之间联系的纽带,逐渐发展为产业之间的血管,连通三大产业。使得三大产业之间相互融合发展,逐渐形成并促进了跨专业领域的繁荣。随着这种趋势的发展,经济效率不仅仅取决于生产活动本身的生产率状况,而且开始更多地取决于在不同生产活动之间建立起来的相互联系。因此,物流业的发展是转变经济发展方式的必然选择。产业融合的趋势使得物流服务业在产业关联中的作用更显凸出。所以,要想使得三大产业之间得到良好的互动,形成最优结构,就势必要选择构建与优化物流产业生态位,使得物流产业得到健康发展。而对产业生态位的考察与选择,就要考察产业关联的影响。国际经验表明,农业和制造业发展到一定阶段后,只有依托于服务业对其进行支撑,才能使得其附加值和市场竞争力稳健增长。引导三次产业的技术变革和产品创新,部分制造业企业、农业企业等开始转型经营。致力于物流业发展,使得物流业依托并服务于三大产业的发展,才可以让物流业成为三次产业提升和高端化的有机补充。

第

3

章

北部湾物流产业的生态位现状及物流需求预测

3.1　北部湾地区经济发展概述

目前,在全球经济增长略有暗淡,我国整体经济发展速度略有下滑的背景下,北部湾经济区呈现出强劲的发展势头,逆流而上,保持高速发展。广西壮族自治区统计年鉴显示,2020 年,北部湾经济区国内生产总值达到 8124.06 亿元,首次突破 8 亿元的门槛,比 2019 年增加 461.33 亿元,总量和年增长率均保持高水平,南宁、钦州、北海和防城港分别为第一、第三、第四和第六。该地区的运输、仓储和邮政业增长了近 40%。2019 年,北部湾经济区土地面积占广西全区 18.2%,居民人口占广西总人口的 26.7%。经济区内 GDP 达 786.486 亿元,占 2019 年广西 GDP 的 37%,第二产业和第三产业的比例达到 35% 以上。同时,与物流产业密切相关的制造业、植木产业、零报告产业、工商业也蓬勃发展。2019 年,北部湾经济带的社会消费品总零售销售额为 42.25 亿元,占 40.1%,出口贸易量占广西年出口量的一半以上。活跃的气氛和巨大的市场潜力显示了北部湾经济区的强大活力。

3.2　北部湾地区物流产业发展现状

3.2.1 北部湾物流产业的经济总量

北部湾港位处西南沿海,是国家沿海港口布局规划中的西南沿海地区港口群的重要组成部分,承载着响应国家"一带一路"倡议及建设西部陆海新通道北部湾国际门户港、国际枢纽海港等重要战略任务,是国家和西南地区能源、原材料、外贸物资等的重要集散中枢之一,是中国西部地区面向东盟国家便捷的出海通道,是广西实现经济社会发展目标、实施"工业兴桂"战略、发展外向型经济和推进工业化进程的重要基础,是以西南地区为主的港口腹地对外开放、实施西部大开发战略、参与泛珠江三角洲区域合作、加快北部湾(广西)经济区全面开放发展、参与国际经济合作与竞争重要战略资源。在全国港口货量普遍下跌的局面,西部陆海新通道集聚态势凸显。疫情发生以来,自治区北部湾办、广西北部湾国际港务集团及相关部门、企业采取一系列措施,积极统筹,加大港口物流发展支持力度,拓展新航线,2020 年 3 月新开通"北部湾港—泰国林查班"直航航线和"北部湾港—日本 / 韩国"航线。同时,集聚区内货源,推动广西货取道北部湾港;吸引区外货源,推动西部陆海新通道周边省份货物走北部湾港,增长态势迅速。北部湾港务集团2021 年中财报显示,2021 年上半年,公司货物吞吐量累计完成 12954.9万吨,同比增长 12.86%,其中集装箱完成 260.79 万标准箱,同比增长22.29%。根据交通运输部统计,上半年北部湾港(全港)货物吞吐量在全国沿海港口排第 9 位,增速排第 2 位,其中集装箱吞吐量在全国沿海港口排第 9 位,增速排第 4 位。

纵使近年来国内外环境严峻,但是通过北部湾港有条不紊地发展,公司财务也取得了亮眼的成绩。对于经营业绩变化情况,2021 年上半年,公司实现营业收入 269350.41 万元,同比增加 26986.89 万元,增幅11.13%,主要是港口货物吞吐量增长带动了营业收入的增长,营业收入增速与业务量增速基本保持一致。在人事管理方面,北部湾港为规范用工管理,将业务外包员工招录为正式职工,同时由于上年同期享受的疫情期间社保减免优惠政策到期,以及本年环保投入增加,导致人工及物耗修理等成本增长,制约了利润增长空间,但这也为未来利润的稳步增长打下坚实的基础。2021 年上半年实现利润总额 69784.45 万元,同比增加 3728.83 万元,增幅 5.64%,增速较 2020 年放缓。在 2021 年上半年,公司加快推进了自动化集装箱码头等重点项目建设,促进资产规模进一步增加,截至本期末,公司资产总额为 2036348.94 万元,较年初增加 94725.90 万元,增幅 4.88%。由于本期实现的净利润及向股东进行利润分配等综合因素影响,截至 2021 年 6 月 30 日,公司净资产为1233457.10 万元,其中,归属于上市公司股东的净资产 1056131.66 万元,比年初增加 24469.10 万元,增幅 2.37%;少数股东权益 177325.44

万元,较年初增加5637.00万元,增幅3.28%。

面对未来的发展,北部湾港口集团也加强了未来的计划步伐。防城港、钦州港、北海港和铁山港等大型港口是沿着广西北部湾的海岸建造起来的。2020年,广西北部湾经济区沿海港口已建成万吨级以上泊位95个。

3.2.2 北部湾物流产业格局

3.2.2.1 港口方面

钦州市位于广西南部,对外与东南亚链接,对内辐射我国南部与西南部。受"向海经济"相关政策的刺激,西部陆海新通道展现出全新的活力,钦州市也逐渐建成中码产业园,并建成相关保税港区。钦州港作为国家重视的一个开放的国际贸易门户港,自然吸引了更多政府的关注。作为西新的陆和海峡的枢纽,钦州港得到了无与伦比的发展机会。2020年1月,为了加快中国—东盟合作进程,中国广西自由贸易试验区正式成立。

目前,北部湾经济区形成了由南宁、北海、钦州、防城港四个市为一体的综合经济区域,以南宁为中心,以围绕南宁的北钦防这三座城市为周边的一体化设计为蓝本,进行整体建设。从国家宏观层面来看,北部湾经济区不仅仅是国家实行"一带一路""西部陆海新通道"等国家发展战略与大型基础设施建设的关键地理枢纽,同时也是中国西南唯一的入海口。对于深化同中国东盟的开放与合作,北部湾地区将对中国国家开放政策起到重大作用。在经济上,北部湾港作为北部湾的核心,连接了西南部、南部、中国南部三个主要城市,北部湾经济圈近代物流产业的发展,对南部三个地区有巨大贡献,对促进中国与东盟自由贸易区的建设起到了非常重要的作用。2004年以来,北部湾经济区的物流产业的发展迈入了快速的道路。依靠其独特的地理位置,北部湾经济区被认为是中国与东南亚各国之间的交易桥。随着2010年中国东盟自由贸易区的建成,北部湾经济圈加强了运输等物流基础设施的建设。

2021年上半年,受国外疫情持续严峻、外贸空箱紧缺、国外港口堵港等因素的影响,全球集装箱航线服务能力下滑,海外对中国产品的采购需求增加,导致外贸集装箱运输市场需求旺盛,带动上半年我国货物出口需求增长。在此背景下,出现了内贸运力补充外贸市场、远洋航线价格上涨等情形,推动内贸船公司陆续将航线运力调整至外贸航线,导致国内内外贸集装箱运力同时出现紧缺状态。但随着国内疫情防控常态化、港口方面积极准备复工复产,该地区的物流产业也获得了较快速度的恢复与发展。今年以来,北部湾港防城港码头有限公司一手抓防疫一手抓复工复产,积极服务临港企业及西南腹地生产企业,挖掘堆存能力,狠抓进口货物接卸,为铁矿、煤炭等大宗散货运输创造良好条件,同时发挥防城港大宗散货集散市场的优势,加大钾肥、铁矿等装箱配送量,港口吞吐量增长迅速。

面对如此多变的内外部环境、北部湾港航道施工、自动化码头建设、作业能力局部不足等内部制约影响,北部湾港也在积极推动着港口业务的稳步发展。

(1)多措并举强化生产管理,确保港口生产有序推进。一是针对解决东航道施工窗口期延长对船舶进出港产生严重影响的情况,减少集装箱船舶压港现象;二是做好港区间“穿梭巴士”业务指导和运输协调工作,促进“穿梭巴士”业务平稳运行;三是加强口岸协调,推动口岸相关问题逐步解决;四是针对进口粮食压港压库问题,召开专题会议研究近期及中远期工作措施。(2)不断加大有色金属矿、粮食、化肥等大宗散货的营销力度,散货吞吐量稳中有升。一是上半年锰矿、铬矿的完成量创北部湾港历史新高;二是积极揽取粮食货源,粮食增量显著,新增外贸进口玉米、高粱、小麦等货种,进口木薯干、玉米、大豆进口增量明显;三是新增进口钾肥业务,进出口化肥高速增长。(3)全力推进集装箱业务发展,散改集(散货运输改集装箱运输)、海铁联运等业务实现稳定增长。一是深度参与西部陆海新通道建设,海铁联运业务取得新成效;二是积极开拓散改集货源,散改集业务实现新突破;三是不断提升冷链服务,大力开辟冷链业务新货源;四是深化港航合作、“两港一航”,航线开拓、港港往来取得新进展。(4)积极配合推进信息化建设,提升运营效率。一是配合推进“北港网”统一对外服务信息平台,推动实现泊位线上申请功能;二是积极落实数字化转型工作部署,协同华为团队推进港口板块数字化转型项目的实施。

3.2.2.2 自贸区物流方面

2010 年 5 月《广西北部湾总体规划》出台,北部湾"三港合一",正式成为北部湾港。2014 年李克强总理在政府报告中提到了广西在"一带一路"的重要地位,人大代表莫恭明则提出了以广西钦州保税港区,中马钦州产业园北海出口加工区和东兴国家重点开发开放实验区跨境合作区一起,构建北部湾自由港区的设想,迈出了北部湾港向自由贸易港转型的步伐。2015 年年初广西北部湾经济区向国家申建北部湾自由贸易港区借鉴上海自贸区的经验建设北部湾自由贸易试验区,主体为钦州保税港区以及中马产业园。之所以选择了钦州保税港区,是因为它作为保税港天然良港,具有大型的企业入驻,北部湾三港中集装箱吞吐量最多等优势。北部湾港区也存在着诸多的劣势:交通的周转量不够、信息化多元化欠缺、资金基础薄等。在向自由贸易港转型这一道路上,北部湾港任重而道远。

2020 年 6 月 1 日,中共中央、国务院印发的《海南自由贸易港建设总体方案》指出,海南将在 2025 年前以"中国洋浦港"为船籍港,实施更加开放的船舶运输政策。8 月中旬,从北部湾港向海南洋浦港的"防城港—海南"航线正式开通。据国资委官网显示,该航线的开通是为了连通北部湾港与海南港航,加快推进广西货源从散货运输向集装箱运输转型,为广西北部湾区域提供一条稳定、便捷、高效的物资进出运输通道。这一条从北部湾港向海南洋浦港的航线,南下货物主要有粮食、矿建材料等,北上货物主要以化肥为主。近年来,北部湾港致力于打造防城港粮食集散地,依托散货货源种类齐全且货量足、汽车返程运力充足、运价低的优势,成功引导大量的非金属矿石回流至防城港进行"散改集"。

对北部湾区域来说,对外联动不仅仅是机遇,也充满着挑战。北部湾钦州港口主要是运输大宗商品,像石油化工产品贸易为主。对广西而言,西部陆海通大通道主要针对当地的消费需求,因此跟东部运输的货物还是有较大的差距,可能不会像东部产品的附加值含量那么高。但随着开放程度的增加,北部湾区域也带动了一批物流企业的发展。

目前,广西沿海地区的大型物流企业包括广西物资集团、广西外运等多家仓库建设相关行业的企业;广西运德、邮政物流等物流企业。在物流园建设方面,南宁规划建设四个物流园,其中玉洞物流园和安吉物流园具有较大规模和较为完善的功能。北海的物流产业主要是围绕石步岭港区和铁山港区建设的。钦州物流产业的规划重点区域在钦州港区,防城港针对自身优势,重点规划建设物流园区、物流中心以及配送中心。目前,北部湾经济区域内证逐步形成港口与工厂、物流园区相结合的新发展模式。

此外,位于中国和越南边境的凭祥市,于 2006 年 3 月开工建设中国—东盟自由贸易区凭祥物流园区,总投资额预计将达到 11 亿元,该工程分为 3 期,工期为 5 年。物流公园建成后,凭祥友谊海关口岸设计的最大通关能力将达到 600 万吨,可满足中国和东盟各国间快速增长的物流需求。同时,凭祥物流园将整合组装、加工、仓储、保税功能,建成具有完善功能的现代化物流系统,承接广东、浙江等发达地区产业链转移,并进一步加强中国与东盟区域经济合作。

通过在广西北部湾经济区域内的物流企业的调查,发现北部湾经济带的物流企业数量很多,但是,规模一般较小,利润低,而且商业活动往往只局限在一定领域内。而且,大部分的企业从事运输事业和代理事业的商业辐射面很窄。企业的大部分商业活动在所处的地域实施,很少有企业能将生意辐射向华南乃至全国。依据所调查的 30 家物流企业,具有一定经营规模的企业只有 5 家(见表 3.1),占所调查企业的 16.67%。

表 3.1　广西北部湾经济区物流产业现状调查表

被调查企业	经营业务	现有人员(人)	营业收入(万元)	业务辐射面	运营网点(个)	资产总额(万元)	自有货运车辆
A	运输	45	580	全国	5	1360	135
B	运输、仓储、装卸、搬运配送	3200	12000	国际	65	35000	100
C	运输、仓储、装卸、搬运配送	1860	7573	全国	50	3660	460
D	运输、仓储、装卸、搬运配送	2200	12640	全国	50	4550	350
E	运输	138	6555	西南地区	8	2088	22

数据来源:根据南宁市、北海市、钦州市国家税务局及辖区企业提供资料整理所得。

此外,虽然北部湾经济区物流企业数量众多,但 3A 以上的综合性物流企业极为有限,能为产业集群提供一体化服务的大型专业化物流公司更是寥寥无几,加上物流基础设施运营分散,不能适应区域产业布局及产业集群发展需要。北部湾经济区物流基础设施处于分散运营状态,功能性服务配套性、兼容性差,物流组织和布局难于积聚,尤其是港口整体发展与配套港口服务、区域产业布局、产业集群发展的具有综合物流功能的物流园区、物流中心建设发展缓慢或缺乏整合,部分已经建成的物流基础设施也缺乏有效利用,甚至阶段性造成大港口、大通道、小市场、小产业、小物流的现象,尚不能形成支撑区域物流发展的基础服务功能。据此,北部湾物流产业难以与其他产业之间形成良性互动,其产业布局支撑能力、跨区域合作辐射作用较弱,根本不能适应多战略规划要求,即推进国际区域层次、国内区域层次和城市群区域层次物流产业一体化发展,更没有形成中国西部以及南部沿海地区与东盟国家融合在一起的通道化、枢纽化网络。探讨北部湾物流产业发展问题具有紧迫性、现实性和复杂性,且任重道远。

3.2.3 北部湾物流产业内部结构

考察北部湾港口物流产业的内部结构,需要调查北部湾港口进行开发所需要的要素。在技术的进步以及北部海湾经济区快速发展的双重刺激下,北部湾港口物流发展速度与发展水平正在逐步上升。在国际经济贸易合作稳步深化的过程中,北部湾港正向着国际物流港这一目标逐步前进。北部湾港在物流、存储、卸载、装载、包装、物流、信息处理等基本功能上,使用先进的软件和硬件相结合的基础设施,优先发展港口物流等方向。结合自身港口的独特优点,并依靠信息技术,带动周边物流活动。北部湾正逐步提高港口资源的利用率,形成连接整个物流系统的综合物流服务。作为一个特别的物流系统,港口物流在国际和国内市场中发挥着重要作用,加快了北部湾经济区向世界开放的步伐。为实现港口业务的设备、器具、水路、卧铺、港湾等设施以及货物搬入及装货的装置及装置在港口物流中发挥越来越重要的作用。北部湾物流产业内部结构主要包括运输业、仓储业、装卸业、搬运配送。因此,探究北部湾港口行业中的运输业、仓储业、装卸业、搬运输送服务的发展现状,就显得尤为重要。

3.2.3.1 运输业

在运输方面,北部湾经济带以港口为中心建立了大型国际运输系统,并主要连接中国与东盟,包括公路、铁路、航空和水运输等多种运输方式共同发展。铁路和高速公路的网络连接了 40 多个国家,特别是南宁的铁路和高速公路直通河内、越南,中国台湾和东南亚国家的 9 条直达香港、澳门和国际航线。

目前,北部湾港管理的三大港口,逐渐形成了"一轴两翼"的新型发展布局,以钦州港为核心,向四周扩散。钦州港以集装箱业务为主,并通过与防城港以及北海港之间干支线集疏,进一步加强集装箱业务。防城港区为"左翼",依靠当地产业特色,重点发展大型散装货物码头,并根据码头发展方向的特色,重点服务本地及云南、贵州、四川、重庆等西南区域。北海港则为"右翼",货物主要围绕工业产品以及能源资源等展开,主要服务临港企业工业及桂东南区域。近年来,北部湾港始终保持高速增长的势头。根据北部湾港务集团财报,北部湾港(本港)货物吞吐量从 2015 年的 1.28 亿吨增长到 2020 年的 2.38 亿吨,年均增长率达 13.94%,其中集装箱从 2015 年的 141 万标箱增长到 2020 年的 505 万标箱,年均增长率达 30.31%,远高于全国沿海港口平均增长水平。2020年北部湾港集装箱增速超过 30%,增速居全国沿海主要港口前列。

广西北部湾经济区铁路运输系统依靠铁路运输相比于公路运输所具有的优势,大力发展如原油、煤炭等化石能源,以及木材,金属矿石等工业原材料,并依据广西农业特色,开发砂糖和其他农产品。商品大部分是散装货物的形式,利用集装箱运输,运到柳州、百色、桂林等重要工业区和行政区的省际运输枢纽,并运到西南部的经济中心,如云南和四川等西南腹地。在北部湾经济区内,铁路网络与广西壮族自治区地方干线相连接。北部湾经济区的中心城市南宁,拥有通往北部湾三大港口的铁路线路。整个经济区通过南宁、柳州等火车枢纽站,对外与国家干线铁路网络相衔接,实现了货物从港口内部铁路到全国干线铁路的无缝衔接,进而使得北部湾经济区可以辐射西南腹地乃至全国重点城市。由于地理区位的优势,广西北部湾的铁路运输线路最具便捷性和竞争性。

广西北部湾经济区高速公路交通系统运输货物的种类繁多,除柏油路、原油、煤炭、化肥、水泥等工业原料运输外,还承运新鲜农产品和鱼类冷链运输服务。广西北部湾的高速公路运输系统,实现了门到门方便的分发服务和高物流效率。目前,除了北部湾经济区中心城市南宁和三个主要港口城市外,高速公路还将在广西壮族自治区内连接凭祥、崇左、桂林、梧州等多个地区,形成了以南宁为中心的公路运输货物集散系统。其中防城港—东兴路段连接越南芒街—海防—河内高速公路,成为北部湾沿海线上陆路运输的外贸干线。

目前,北部湾经济圈拥有海洋、高速公路、铁路、航空等各种交通运输方式,但由于缺乏有效的连接与合作,难以有效发挥其国际物流的功能,同时交通基础设施的建设赶不上物流产业发展的需要。3个主要港口的进出港铁路规模较小,港口与东盟各国主要港口之间的直通航线较少,航空货物增长较慢,道路交通又极为严峻,海关申报、检查、货物运输等物流支持服务水平较低。商品的低速关税通关,又会影响物流速度的提高。海上运输是围绕港口、船舶、航道进行的物流活动,是北部湾经济区运输的主要模式。在这一点上,中国比较大的港口有防城港、北海港、铁山港、钦州港、湛江港、海口港、洋浦港、八所港、三亚港等,目前这种海运的物流模式约占区域物流的60%。对于高速公路交通物流来说,它是最灵活的物流模式,可以直接送货到门。目前,这种物流运输模式约占北部湾地区总物流的30%。关于铁路运输,是通过铁路和火车进行的物流活动,目前这种物流运输模式约占北部湾地区总物流的7%。关于航空运输物流,是通过机场、飞机进行的物流运输活动。这种方法特别适用于少量、高价材料的运输,新鲜产品和紧急零件等商品。目前,这种物流运输模式约占北部湾地区总物流的3%。

3.2.3.2 仓储业

从传统观念上来看,我国的仓储业也被称为储运业,其主要经营范围包括商业仓储、外贸仓储业、乡镇仓储等内容。北部湾经济区域内的仓储行业相关公司,都是以仓储管理为主要业务,同时部分公司还提供一定程度的汽车运输业务。这些公司的主要功能包括提供提货、送货、运输、托运代理等服务。整个经济区域内,大部分的物流仓储企业为传统仓储企业。随着经济社会的发展,这些仓储企业也进行了一定程度的内部组织优化和服务革新,通过一系列方式进一步拓展了业务领域、增加了效益,同时企业也得到了一定的发展。但是,到目前为止,这些企业依旧存在着一些管理组织与经营上的漏洞。同时,这些仓储企业距离满足北部湾经济区域发展需要以及成为先进的现代物流业的一部分,还有很大的差距。

人才急剧匮乏,是目前北部湾经济区域内的物流企业所普遍存在的问题之一。人才匮乏的主要表现形式之一,就是人才结构不合理。现代物流产业,是一个需要高端物流人才的行业,仓储业作为物流的一部分,同样也需要相当数量的高端人才。目前,北部湾经济区的仓储行业相关公司缺乏资深管理人才,员工普遍低水平、低层次操作。储藏企业的员工在多年的计划经济体制下工作,有高龄化、低文化品质、弱市场概念、专业知识不足、不良执行能力、低效率等很多问题。有着高教育水平的很多仓储业员工,因待遇、工作环境等各种各样的理由而离开仓储产业。由于专业知识的限制,大部分仓库的一线人员都可以在仓库按部就班的工作,但几乎不能提出建设性的建议。同时,他们缺乏发现和解决工作中问题的能力。

北部湾经济区内的物流企业的仓储设备智能化水平也存在显著的不足。北部湾港口的仓储设施落后,只能进行如分拣、再包装、贴标签等一些简单操作,流通加工和配送功能欠缺。在现代化的仓储体系中,运用机械化、信息化的技术手段来提高分拣程序的效率成为各大仓储企业管理过程中的重中之重。货架、叉车、仓储管理系统已经在很多先进仓区企业中使用,有些企业甚至已经使用了条码和无线射频识别技术实现了自动化管理。而北部湾区域内的仓储企业信息化水平以及仓储效率还没有达到世界一流水平,随着北部湾经济区域的发展,将会出现由于需求扩张,现有仓储资源难以满足现代物流行业需求的结果,从而拖累整个区域物流体系运输效率,并且还会产生阻滞经济增长的作用。

3.2.3.3 装卸业

对于港口环境的装卸工作而言,集装箱的装卸是装卸工作中最常遇到的工作内容。加装和卸载集装箱对码头的铺设、码头起重机的承载能力、水平运输机的质量都有很高的技术要求,优秀的配套设置投资资金将非常高。此外,装卸产业也出现了熟练人才不足的情况。目前,北部湾港口集装箱码头的载运机械、工程流程相对落后,装载卸载效率较低。这是拥有效率高的大型国际供应公司不想进入北部湾港口的理由之一。典型的例子是由新加坡太平船务开通的防城港到东非的集装箱班轮直航航线,由于通关时间长、装卸效率低下等原因,在2年困难运行后不得不中止。防城港的远洋货物只能通过中转出口,时间、物流成本大幅提高。在北部湾经济区各港口区域统一部署后,虽然装卸效率有所改善,但离成为先进港口还有很长的路要走。

3.2.3.4 物流配送业

南宁是北部湾沿海—越南—马来西亚—新加坡国际城市走廊的重要枢纽,更是北方和西部地区海洋贸易和运输的重要节点,这两个经济走廊在南宁相会,形成北部湾地区和南宁之间,对外经济关系的"十字"构造。在这种结构中,南宁面临向海经济、与东南亚相邻、珠江三角洲产业转移的多重经济优势,成为外贸与物流交叉的节点区域。钦州市位于广西南部,与东南亚、中国东南、西南这三大经济圈接壤。受"向海经济"政策的活跃发展所刺激,以及西部陆海新通道的建设,钦州市逐渐建成中马产业园、保税港区等多个对外开放前沿产业园区,钦州港得到了无与伦比的发展机会。2020年1月,为了加快中国东盟合作进程,中国广西自由贸易区正式落成。钦州港区致力于发展国际贸易、港口、物流、电子信息等产业,为国际陆海贸易建设和向海经济集聚区贡献新的门户港服务。面对新的机遇,如何改善钦州港的国际物流效率是广西建设西部陆海新通道所面临的重要问题。因此,位于北部湾和西部陆海新通道相交汇的关键城市广西,将成为北部湾经济圈周围城市物流分配的枢纽和基地。防城港、钦州、北海三大沿海港口与东兴、凭祥两个公路口岸是我国面向东盟的重要物流口岸与城市节点。在它们之中,防城港是面对东盟的集装箱港和重工业基地,钦州是沿海化工基地和散装货物运输港,北海重点发展集装箱港口、临海加工制造业和旅游产业。东兴、凭祥利用陆地运输的便利性发展边境贸易和加工业。这些重点城市通过铁路和高速公路连接着南宁。

从目前来看,在北部湾各城市的空间结构与交通之间的关联程度较高,城市群区域范围内各市县之间的交通网络发育较为成熟,广西北部湾经济区城市群已经拥有较发达的交通基础设施,现代化交通方式

齐全,整体通达性较好,构建现代化的物流配送体系的框架已经基本
具备。

3.2.4 北部湾地区物流产业存在的问题

目前,广西北部湾经济区初步形成了以南宁作为物流中心和交通枢
纽,以防城港、钦州港、北海港、东兴、凭祥等城市为核心的物流业总体
布局。但总体上看,北部湾物流产业与区域商贸、产业集群、企业运作之
间并没有形成良好的联动与协调发展,其在产业发展中的龙头带动作用
和在国际国内合作中的辐射能力较弱。

第一,北部湾地区物流产业与经济发展非同步,在国际国内合作中
辐射作用较弱。现代化物流产业,是一种能有效促进生产性效能的产
业。物流产业早已不是简单的运输业,而是混合了多种学科的、需要极
高技术型人才的一种复杂的聚合行业。物流产业影响着人们生活的方
方面面,并且极大促进了文化交流,也提升了人民生活的幸福感。要想
促进经济的发展,必然离不开物流产业的作用。一个地区物流产业如
果没有随着经济的增长,而形成配套措施,长此以往物流产业不仅不会
促进地区经济的增长,反而会减缓经济的增长甚至引起经济的倒退。根
据广西壮族自治区统计年鉴了解到,2010—2018 年间北部湾经济区
(四市)GDP 由 3042.75 亿元上升为 7228.99 亿元,年均增长 15.29%,
其中第二产业年均增长 21.41%,第三产业为 15.12%,进出口总额由
76.94 亿美元上升为 308.97 亿美元,年均增长 24.56%,而区域内规模
以上港口货物吞吐量仅由 1.24 亿吨上升为 2.13 亿吨,年均增长速度为
14.87%,严重落后于区内 GDP 增长和对外贸易发展速度,一定程度上
反映了北部湾物流产业驱动国际国内跨区域合作的辐射作用较弱。

第二,物流产业在产业结构中比重低,对产业集群发展的龙头带动
能力不足。当一个地区产业发展的过程中有强有力的物流产业作为支
撑,可以形成区域的虹吸效应与辐射效应,增加区域的影响力。当物流
产业在区域产业结构中占有重要比例时,还可以形成对产业集群发展、
产业规模化发展有良好影响的规模效益。根据广西壮族自治区统计年
鉴了解到,2014 年北部湾经济区的南宁、钦州和防城港三市物流业增
加值占 GDP 比例分别为 4.47%、6.68%、7.82%,在第三产业中的占比

分别为 9.13%、17.74% 和 25.91%,而全国物流业增加值占 GDP 比例为 5.6%,在第三产业占比为 11.6%。比较可见,北部湾经济区作为国家战略层面开发的重点区域,且物流产业又是规划发展的重点产业,其物流产业在区内生产总值及第三产业的比重与全国水平接近,没有呈现区域作为我国西部唯一出海口这一空间上的特殊优势,无法形成促进产业集群发展的推力,更难以表明在区域产业集群发展中能够发挥龙头带动作用。

第三,以港口为代表的物流产业经营效率低,在产业集群发展及国际国内资源整合中难以提供高效率、低成本、专业化服务。北部湾港务集团 2020 年财报显示,北部湾港资产负债率 38.02%,虽然逐年下降,但是酸性测试为 0.857,流动比率为 0.864,离其他同类型上市公司有明显差距,说明依旧存在经营风险。作为杜邦分析的核心指标净资产收益率为 10.9,处于相对较高水平,但是受限于公司体量的限制,营业总收入为 53.63 亿元人民币,远不如国内其他上市港口集团,净资产收益率对公司收入增长对的作用还是相对有限。再加上北部湾港口集团总资产周转率较低,公司赢利能力较差,销售能力也不足,说明公司整体风险比其他上市港口公司都高;另外,北部湾经济区物流企业数量众多,但 3A 以上的综合性物流企业极为有限,能为产业集群提供一体化服务的大型专业化物流公司更是寥寥无几,缺少能带动区域物流产业发展的龙头公司,物流产业无法产生对区域经济的强力推动作用。

第四,物流基础设施运营分散,不能适应区域产业布局及产业集群发展需要。现代物流产业是一个从点开始,连接成线,进而形成辐射整个面的产业。只有物流产业形成规模经济,才可以产生强大的区域辐射的规模效益,进而影响整个区域,辐射整个区域面。当一个地区的物流产业分散,各个小物流公司各自为营,则难以形成强大的合力,无法对区域经济形成强有力的影响,也就无法拉动区域经济快速增长。北部湾经济区物流产业就处在相对分散的阶段。物流产业基础设施处于分散运营状态,功能性服务配套性、兼容性差,物流组织和布局难于积聚,尤其是港口整体发展与配套港口服务、区域产业布局、产业集群发展的具有综合物流功能的物流园区、物流中心建设发展缓慢或缺乏整合,部分已经建成的物流基础设施也缺乏有效利用,甚至阶段性造成大港口、大通道、小市场、小产业、小物流的现象,尚不能形成支撑区域物流发展的基础服务功能。据此,北部湾物流产业难以与其他产业之间形成良性互动,其产业布局支撑能力、跨区域合作辐射作用较弱,根本不能适应多战略规划要求。北部湾物流产业也没有推进国际区域层次、国内区域层次和城市群区域层次物流产业一体化发展,更没有形成中国西部以及南部沿海地区与东盟国家融合在一起的通道化、枢纽化网络。探讨北部湾物流产业发展问题具有紧迫性、现实性和复杂性,且任重道远。

3.3　北部湾物流产业生态位现状

3.3.1 北部湾物流产业生态位系统现状

产业生态位理论通过与自然生态系统进化过程的比较类推,将产业间视同为一个社会网络(Shumate and Lipp, 2008)[10],对物流产业形态的演化及其与产业集群的互动能够提供广泛合理的解释(Dimmick and Rothenbuhler, 1984)[107]。北部湾经济区域对物流产业的需求主要是随着港口发展以及区域经济活动的发展而产生的,北部湾区域的港口发展水平、经济活跃程度直接决定了区域物流需求的大小。因此,北部湾经济区域对物流产业的需求,是一种派生需求。在港口发展与港口辐射区域经济尚处于起步阶段时,机械化水平较低,生产方式主要以人力操作、半自动化操作为主,对大宗商品的原材料、半成品和产成品等的运输、仓储、装卸和搬运等物流活动的需求较大。随着工业革命的开展,机械化、自动化的存储、装卸方式逐渐代替了传统的作业模式。同时,随着港口的发展、港口与港口所处生态系统中其他产业的协同发展,整个生态系统对港口的要求也将会越来越多,除了满足基本的物流活动以外,消费商品的包装、加工和配送等要求越来越受到企业与港口的重视。因此,对于北部湾物流产业来说,认识到目前所处的生态位、识别生态因子以及生态因子之间的相互关系以及矛盾,就显得尤为重要。目前,在"一带一路"等多战略规划相继实施背景下,北部湾经济区的生态环境持续改变,物流产业作为组织之一为求生存的首要前提,是寻找一个有利于其发展的环境条件,这个条件集合则被称为其生态位,物流产业的这一生态位是使物流产业能够实现产业带动和联系的主要路径,北部湾物流产业生态位主要包括环境、市场和资源三维生态因子。

首先,北部湾物流产业环境、资源、市场等因子间存在着作用反馈、相互关联及互动转化的关系,实践中要实现物流产业生态发展,必须使内部各要素与生态因子良好耦合匹配,不能只顾及道路、泊位等资源层面的建设和从国家层面争取有利政策环境而忽略市场需求的培育和发展,避免由此产生"大物流、小市场"现象。在西部大开发、中国—东盟合作"钻石十年"打造、"一带一路"建设等多重机遇叠加下的广西,其与东盟国家的开放程度不断增加。根据南宁市、北海市、钦州市国家税务局及辖区企业提供资料整理所得,中国与东盟双方贸易额从2006年的18.3亿美元增加到2015年的290.1亿美元,年均增长37.2%,10年实现翻4番,物流环境生态位呈稳定上升态势;同时,国家及地方政府也增加了物流基础设施建设,铁路营业里程从2006年的0.27×10^4km增至2015年的0.51×10^4km,10年间年均增长9%左右,而公路里程也由2006年的9.03×10^4km增加到2015年的11.8×10^4km,年均增长3.07%左右,物流产业的资源生态位也得到快速发展。伴随着物流产业资源生态位的发展,以此为动力,也推动了北部湾物流产业的发展。北部湾物流产业经历了辐射区域经济发展初级阶段,产业发展生产萌芽期,区域物流需求以低附加值的基本物流活动需求为主,物流需求量小,对物流服务功能的要求也相对单一。目前是物流发展的快速增长时期,伴随着经济的加速发展,区域经济的高速增长加快了生产物资的流动,物流需求量越来越大,高附加值物流需求开始增加,在激烈的市场竞争环境下,对物流服务质量提出了更高的要求。随着物流产业的继续壮大,以及物流产业生态位的稳定、经济发展日渐成熟,物流基础设施和网络结点建设也将日趋完善,物流产业发展也将会迎来现代化物流产业时期。在保持原有物流需求量的基础上,人们更加重视高质量、高效率的物流服务,如物流信息的透明化、物流费用的合理化和配送服务的高效化等。北部湾区域物流产业要从快速增长时期平稳过渡到现代化物流产业时期,就需要不断解决自身生态位耦合问题以及与生态系统中各要素之间的耦合协调问题。但在物流产业管理层面,广西忽视了市场生态位的跟进,使其物流产业的三维生态位在耦合协调程度不理想,物流产业生态位适宜度也相对较低。

其次，考虑生态环境中的竞争关系。在生物学界，两种草食动物住在同一个地区，一种喜欢在灌木上吃叶子，另一种喜欢在灌木底下吃叶子。在这种情况下，两者可以共存。以此推断，企业间如果能开发特定的市场，并根据各自的核心优势提供独特的产品和服务，我们就可以有效地避免不必要的竞争。在生物学的世界里，当两个生物使用同一资源或共同占有某个环境变量时，发生生态位的共存，产生生态位重叠的竞争。各省物流产业之间的关系，类同于此现象。广西处于低度适宜水平，其邻近省份广东、湖南呈适宜水平，而海南则处于不适宜水平，似乎相互间缺乏互动影响。但是可以想象，鉴于区域经济利益和政治利益的考量，利益浸淫下的条块分割、地方保护主义已经成为现代物流产业发展的障碍，使得各地区的物流管理能力发挥受到掣肘，区域间互联、互通的美好愿景实现受到抑制。因此，对于物流产业生态位的自组织体系，在战略性决策管理过程中，各省份要积极与其他省份尤其是周边省份物流产业进行完美对接，实现区域空间的"聚散整合"，在系统共生中营造磁场性能，努力破除以邻为壑的区域封锁行径，谋求区域间良性互动、协同共生，推动跨省域物流产业集群生成。同时，各省域物流产业要在与其他省份合作中注重将自身物流产业生态位拓宽，形成彼此间的错位发展，在求同存异中建立物流产业跨区域战略合作联盟，谋求全国物流产业生态发展新格局，在区域合作中不断提升各自物流产业的现代化管理水平。

最后，广西北部湾物流产业生态位适宜度在"十一五""十二五"期间保持相对稳定，表明物流技术相对缺乏创新，没能撬动物流产业实现生态位跃迁。然而当今全球正面临新一轮科技革命和产业变革，大数据、人工智能与物联网的相互融合为物流行业的效率革命提供了契机。如同里夫金在《第三次工业革命》中所言：如今人类正置身于万物互联时代的前夕，无处不在的通信网络正在与可再生能源、自动化物流和交通运输网络相互连接。一个区域物流产业的兴起以及物流产业发展成为先进的现代化物流业，不仅需要优越的自然环境，善于利用现代化科技，为自己打造完善的硬件设施也是促使其成功发展的关键。近年来，新加坡港是其中的翘楚。港口加强通信设施建设，确保陆地据点和海上船只的顺利沟通，增加对旅游团信息化的投资，使用网络系统实现港口

操作过程的自动化。而且,物流企业为了及时进行企业和政府之间的在
线交易,使用信息化技术建设平台。这种现代经营系统大大提高了工作
效率,缩短了港口停留时间、运输、关税和交通时长。简单的程序可以提
高物流循环,港口铁路和公路交通系统也提供了最有力的支持。为了发
展物流产业,应该利用生态系统的所有资源。港口作为国际物流和海运
中心,支撑着一国的高科技内容和高附加值产业。工业物流领域和物流
码头地区的建设可以促进港口产业的发展,提供全面的物流服务,提高
供应链的价值。鹿特丹港在货站和交通基础设施附近建立了物流园,为
顾客提供了持续性的服务。物流行业中,集装箱拆装、仓库、集装箱拆
装、零部件组装、标签、排序、测试、通关等专业服务也可以带来额外的
经济效益。这样,既可以降低客户的物流成本,也可以提高港口物流的
运用效率。因此,对于北部湾经济区内的物流产业来说,应强化技术进
步和创新,积极推进大数据、云计算和物联网等先进技术与物流产业深
度融合,基于互联网创新物流资源配置方式,加速物流产业转型升级,
加快构建智能型物流产业新兴业态,努力实现物流产业生态位的跃迁,
将会是未来一段时间发展的重点方向。

3.3.2 多重机遇叠加对北部湾物流产业生态位选择的影响

现实期的北部湾物流产业处在发展机遇的多重叠加,但问题往往是
困难与希望同在、挑战与机遇并存,不同规划战略实施对北部湾物流产
业的发展理论、协同模式及网络布局等也提出了新的要求,不断使其面
临一轮又一轮的挑战升级。"明者因时而变,智者随事而制"。要配合好
"一带一路"倡议实施、适应北部湾经济区产业结构转型升级的要求、加
速中国与东盟国家之间的资源整合以及达到中国产业和产品走出去的
需要,北部湾物流产业必须将多重规划战略对其不同要求加以统筹,进
而科学选择北部湾物流产业生态位构建的有效路径。只有如此,才能提
高北部湾物流产业生态位构建的预期管理绩效,有力助推"一带一路"
等战略构想的实现。

广西北部湾因其一系列多重战略叠加的机遇,从而引起资本投入显
著增加,以及经济较快发展,最终促进其物流产业竞争力的相对提高。
北部湾经济区十几年内接连站上国家战略,可谓面临前所未有、千载难

逢的多重机遇重叠以及由此形成的综合政策优势,尤其是北部湾经济区发展规划国家层面批复、中国—东盟自由贸易区升级完善和"一带一路"倡议全面启动这三大机遇的叠加,将使得北部湾经济区成为重要国际区域经济合作区,是继珠三角、长三角、环渤海之后的中国第四个经济增长极,上千亿的产业投资陆续上马,产业集群将在今后经济格局中扮演主要角色。

在自然生态系统中,所有级别的生态学单位都是有机连接的,通过"食物链"或"食物网"来形成有机整体。食物链基于生态系统各生态单位的复杂营养关系,密切联系着生态系统的物质变化和能量流动。在自然生态系统中,上游和下游的个体群之间存在食物链。这些食物链相互连接以形成复杂的食物网。在城市物流产业集群中,有上游、中流、下游企业和类似服务对象的"食物链"或"食物网"。城市物流产业集群的中流和下游,占据了各种各样的生态位资源空间,在价值创造的基础上形成了城市,通过物流产业的生态链网络共享了传输和分工、竞争和合作。它可以与物流供应企业、物流基础平台、物流交易市场等基础设施以及物流企业中提供不同功能的服务机构进行有机连接和结合,以此促进城市物流资源的有效整合,加快与城市物流产业部门的合作,有效降低城市物流的交易和运营成本。城市物流产业集群的生态学链汇聚了众多物流相关企业和服务机构,形成了劳动、合作和共生开发的新价值网络链关系,多样化、多层次地向用户提供多形式、开放式物流服务。具体地说,城市物流产业集群的生态学链关系包括垂直供求链关系和水平合作链关系两种类型。垂直供求链关系是城市物流产业集群生态链的主要结构,是由垂直分工形成的各城市物流产业的生态单位,形成的上下游关系。水平合作关系是城市物流产业集群可持续发展所需的服务支持和合作关系。城市物流产业集群生态系统的生态学连锁功能主要取决于生态链的每个链接是否具有特定数量的物流人口和物流企业。物流产业集群的生态学平衡主要取决于生态学链的完整性。因此,城市支持设施和服务结构、城市物流开发标准、政策系统的完成度是城市物流产业集群生态系统可持续发展的关键。为了形成共生价值链和命运共同体,生态圈中各群体之间要有相关合作和协调开发的关系。

以克鲁格曼(P.Krugman)为代表的新经济地理理论认为,区域物流系统的构建和发展是产业集群形成条件及发展基础。物流产业与产业集群之间存在相互依存、彼此推动的战略合作关系,并在支撑区域产业布局发展等方面具有重要作用。所以,多战略规划叠加实施推动北部湾经济区产业集群的壮大及由此引发区域经济的迅速增长,客观上势必催生对物流服务的强大需求。另一方面,在技术进步迅猛以及世界范围内贸易和投资更加自由化的背景下,作为竞争力的一个主要驱动因素,物流关系到一国经济的兴衰,物流技术落后或效率低下的国家或地区很可能丧失全球化带来的贸易机遇。中国—东盟自由贸易区升级打造、"一带一路"倡议全面启动等旨在推动跨区域资源整合、优化沿线国家经济发展空间格局及让中国产业和产品走出去,北部湾经济区要想担当起"战略支点""重要门户"功能,完成国家赋予的沉甸甸责任,应拥有不同层次、不同辐射范围,能够提供强大而高效物流服务支撑的物流通道,主观上要求必须加大物流设施投资、持续构建通道网络。因此,在多重机遇叠加下客观和主观要求都使得北部湾物流产业迎来重大发展机遇和广阔发展空间。

北部湾经济区处于多重机遇叠加下,如何对资源、需求、技术、政策和制度等五大物流产业生态位因子的变动产生影响,是个值得研究的问题。

3.3.2.1 资源

从资源整合的角度来看,优化商业企业的自有物流体系是北部湾经济圈物流资源整合的重要方法之一。企业物流的核心是企业经营的物流活动,是一种微观的物流活动。随着中国与东盟自由贸易区的发展和高度化,以及北部湾经济区内物流产业竞争增加的新情况,越来越多的企业开始集中精力于包括储藏设施和装置、物流车辆在内的物流服务扩展,从而适应竞争环境。物流系统改革,从企业经营就已经开始,这种改革深化了企业自营物流的发展方向。玉柴、沃尔玛等大企业、垄断企业和商业链企业的物流建设,都集中在自营物流上,并且为了改变企业核心竞争力正在变革物流系统。自营物流的发展可以说是北部湾经济区企业的重要战略之一,这些自营物流使北部湾经济区物流资源综合发展。在北部湾物流产业的总体生态系统中,物流行业的集群需要通过资源整合来有效地收集物流业务的需求,如整合港口资源、铁路资源、道路资源、第三方物流资源,并将各种资源集中到物流服务网络中。扩大地区供应能力,降低成本,提高效率。由于物流行业的产业链长、商业链接复杂,物流企业的服务范围、资源和核心竞争力是非常有限的。但是,在物流服务网络中,通过物流行业集群的作用,物流企业可以实现资源共享和互补优势,有效应对物流市场的多样化、个性化需求,从而获得更大的经济利益,实现物流系统的整体优化。因此,物流产业集群的开发能够促进资源的整合和利用、物流效率提升、物流成本降低等优点具体化,有利于企业竞争优势的形成。

3.3.2.2 需求

北部湾经济区的经济发展水平影响了港口物流系统的形成,内陆地区的天然资源、农业发展水平、工业基础、对外贸易都会影响港口物流的结构,一个港口的辐射区域内拥有大城市和高发展水平经济圈是促进港口物流产业快速发展的重要因素。例如,浙江省宁波舟山港是中国经济实力强的一个重要港口,同时也是浙江省的一个重要港口。宁波舟山港近年来不仅承揽了浙江大部分进口和出口贸易,而且浙江的产品远销江西、安徽等省份,宁波舟山港的吞吐量港口经济区的发展潜力很大。上海港依托中国经济中心上海,直接影响到的经济腹地是中国经济最发达的地区——长江三角洲地区,而间接腹地沿着长江以上包括安徽、四川、湖北、湖南等省份以及重庆直辖市,这些地区进出口贸易产生的集装箱会通过长江会经上海港中转。

在多重机遇叠加下,北部湾经济产业结构变化极大地提升区域物流需求,基于经济产业结构建立的物流需求多元回归模型更为合理。经济产业结构与物流需求关系为第一产业与货运量,即物流整体的关联度相对较高,第二产业与北部湾经济区货物周转量关联度较高,而第三产业与北部湾经济区进出口总额关联度较高,这符合目前北部湾经济区产业结构优化升级趋势。另外,伴随北部湾经济区经济产业结构的优化升级,第二产业和第三产业对物流需求的影响也在逐步增加,这使得物流不局限于传统的仓储、运输,而是向物流服务多样化发展。

3.3.2.3 技术

今后,随着物流行业生态位的稳定性,经济发展将会越来越成熟,物流基础设施和网络节点的建设越来越完善。通过维持原来的物流需求增长水平,人们更加关注物流信息的透明度、物流成本的合理化、物流服务的效率化等高质高效的物流服务。物流产业的内部发展需求和物流行业外部环境变化的双重压力,基于基础设施构建的创新驱动和信息技术应用,可以有效地提高物流行业的效率,从而使得物流业在技术革新的前提下,加强公路、装卸、运输、存储和物流功能,最大限度地利用港口基础设施,深入挖掘现有设备的潜力,有效提高港口物流效率,减少库存。在北部湾港口的智能建设中,可以有效地利用数据库技术、电子自动化系统和条形码技术等先进的信息技术手段,形成整个港口区域和周边区域的开放网络平台。因此,在未来的一段时间内,北部湾港口将进行全面的技术能力提升,以满足日益增长的港口运输需求。

3.3.2.4 政策

由于北部湾经济区处于独特的地理位置,北部湾沿岸经济区可以同时享受多项政策偏好的叠加利润。作为西部开发地区,北部湾经济带享受西部发展的政策;作为广西少数地区,北部湾沿岸经济地带为地方自治,享受优待方针,北部湾经济区也是我国对外开放的门户。近年来,钦州和广西在多次机会的叠加下,制定了一系列的方针。2008 年 1 月,广西北部湾经济带国家战略开发计划提出,北部湾经济带努力建成为中国与东盟开放合作的平台,并以此建设物流基础设施;2009 年,《国务院关于进一步促进广西经济社会发展的若干意见》进一步指出,广西应进一步依靠沿海港口来加强铁路的建设,并建成为连接多个地区的国际通道;2012 年以来,中国开始建设中国东盟海上丝绸之路。2009 年,自治区实施《广西物流业调整和振兴规划》,进一步优化物流区域布局,以促进物流产业的调整发展;2013 年,《北部湾经济区同城化发展推进方案》颁布,北部湾经济区据此制定了城市化开发的晋升计划。到 2015 年底,北部湾经济区实现运输合作城市化、港口海关通关和金融服务整合。2014 年出台《关于促进广西北部湾经济区开放开发的若干政策规定》,以促进广西北部湾经济圈的发展。北部湾经济区将向世界开放物流行业,增加广西物流行业与世界同一产业之间的沟通与合作,改善招商条件,继续招揽海外直接投资。积极投资跨国物流企业,建立工厂,实现产业流通,鼓励区域物流行业积极利用基础设施。高科技设备的持续引进与发展,进一步促进了广西物流设施基础设施建设,加快了物流市场的发展过程。另外,北部湾经济圈将进一步优化港口的商业环境,全面取消北部湾港穿梭巴士运行及吊装费用,经过钦州港、北海港、防城港的货物运输效率将大幅提高。北部湾港的散装商品的"先放后检"监管模式将继续推进。同时,将给予物流行业优惠税制,降低税率,提高税收标准,采用房租补助金的方式,削减对大量商品储藏所需储存地的使用税。有关于高速公路交通,北部湾地区为物流产业使用的运输车辆设置了单独的收费标准,降低企业成本。提高物流行业所需土地和流动资本的保证率,减少企业的机会成本。在政府指定的国家物流枢纽和冷链物流设施等主要物流基础设施项目中,企业享受土地和税收等优惠政策,以确保土地需求,并鼓励物流企业扩大融资渠道,引导银行金融机构为重要物流企业提供支持。加快信息流通平台建设,在获取物流信息的过程中降低时间成本和机会成本,实现铁路运输、港口货物、道路交通信息的无缝连接。加快物流行业高品质建设和行业内协调开发,降低行业运营成本、综合运营成本,核心建设国家物流枢纽和"通道 + 枢纽 + 网络"的现代物流系统。

3.3.2.5 制度

在"一带一路"等背景下,政府应该在社会系统中发挥主要作用。进一步讲,要对整个港口的规划起到积极作用,就港口企业、港口产业、区域经济的发展方向,制定科学合理的规划。政府为了支援港口建设,应该发行相应的政策,如关于国内外金融、税制、土地投资、企业开发的优先政策。北部湾吸引了众多国内外知名的物流经营者的投资与开发,政府应该主动加强港口物流企业的业务环境建设,引导物流事业的发展。国务院办公厅在 2021 年 7 月的《国务院办公厅关于加快发展外贸新业态新模式的意见》中指出,"新业态、新模式是我国外贸发展的有生力量,也是国际贸易发展的重要趋势","支持传统外贸企业运用云计算、人工智能、虚拟现实等先进技术,加强研发设计开展智能化、个性化、定制化生产。鼓励企业探索建设外贸新业态大数据实验室。引导利用数字化手段提升传统品牌价值。到 2025 年,形成新业态驱动、大数据支撑、网络化共享、智能化协作的外贸产业链供应链体系"。这为广西运用数字技术和工具推动外贸全流程优化指明了方向。广西重点推动中国—东盟信息港与自由贸易试验区建设相结合,让数字化赋能对外贸易,打造数字经济产业集群和现代服务业体系,推进医疗、教育体育、文化旅游、传媒等领域的国际合作。运用第五代移动通信(5G)、大数据等现代信息技术集成跨境电商、物流通关、检验检疫、金融支付等外贸供应链中各环节数据,搭建信息共享的经贸合作平台,打造合作共赢的贸易生态圈,促进外贸新业态、新模式蓬勃发展。此外,政府还需要对行政体制和行政制度进行创新,对政务环境进行优化和改善。"一站式"办事流程的实现需要以行政审批制度的优化改革为中心,推行国际贸易"单一窗口"和北部湾港跨境贸易物流一体化改革,推动贸易品种负面清单管理。创新"港区直转、分类仓储"海关监管模式,提高运输的时效性。降低合规成本,为外贸企业商务、物流、生产及技术服务人员往来提供快速通道。政府要进一步改善货物的审批环节,加强对港口物流体系的梳理。其中,政府要坚持"政企分开"的战略,促进港口管理系统的改革,吸引多渠道投资和资金筹措。为了促进港口运营的改革与创新,必须利用市场竞争,此外还要推进港口"一站式"管理服务体系的快速发展。

3.4　北部湾物流产业需求预测分析

3.4.1 经济产业结构对北部湾经济区物流需求影响

随着社会经济发展,专业化分工的趋向日益明显,这促进了物流产业的产生与发展。在经济发展的过程中,企业之间的合作促进了专业分工的进一步升级。物流企业通过模块化、集约化的发展,促进了产业链上游和下游之间的劳动和合作的分工,进一步强化物流企业专业生产能力和比较优势的进步。同时,物流服务的开发也推动了配套服务和相关产业的发展。例如,物流市场的繁荣可以有效驱动汽车设备、集装箱设备和托盘的生产和租赁,批发市场、商业零售企业、流通和处理服务企业的需求也会增加。因此,物流产业集群发展,可以进一步加深物流产业链上下游分工协作,推动物流产业进一步专业化和合理化,实现物流相关主体的协同发展。因此,从生态学的角度来看,分析第一、第二、第三产业对于北部湾经济区内物流产业的影响尤为重要。由于第一产业、第二产业和第三产业在经济总量中所占比重会随经济环境变化而变化，所以不同的产业、产业与产业之间，甚至是不同阶段的产业结构对物流需求的影响均不相同。因此对北部湾经济区的物流需求量进行预测时，首先需要分析北部湾经济区的三大产业产值与物流相关指标之间的关系和趋势。再针对北部湾经济区的特殊情况，选取北部湾区域内的货运量、货物周转量和进出口总额三大指标进行物流需求预测。

由于物流活动复杂，这里选取的指标数据具有一定的局限性，且有部分少量数据缺失。为减少因少量数据缺失对物流需求最终预测值的影响，使用灰色系统理论中的灰色关联分析法分析北部湾经济区三大产业产值与物流相关指标之间的关系，研究北部湾经济区经济产业结构对物流需求的影响。

3.4.1.1 灰色系统关联分析

灰色关联分析法作为衡量因素间关联程度的一种有效方法，将其应用于测试经济产业结构对北部湾经济区物流需求影响，具体步骤如下。

（1）确定数据序列

根据收集的原始数据，依时间序列构造矩 $A_i(k)$，$A_j(k)$，其中 $i=1,2,3$；$j=4,5,6$；$k=1,2,\cdots,\beta$；研究中数列为北部湾经济区货运量、货物周转量、进出口总额、第一产业产值、第二产业产值和第三产业的产值。即

$$A_i(k)=\{A_i(1),\ A_i(2),\ \cdots,\ A_i(\beta)\} \tag{1}$$

$$A_j(k)=\{A_j(1),\ A_j(2),\ \cdots,\ A_j(\beta)\} \tag{2}$$

（2）数据的无量纲化处理

运用灰色关联分析法计算综合评价指标，需要将计算原始参数的量纲作单一化处理。由于经济产业结构与物流相关指标的单位不同，所以需要对各项指标值进行无量纲化处理。每个因素指标可按式（3）和式（4）进行无量纲化处理。

$$B_i(k)=A_i(k)/A_i(k)_{\max} \tag{3}$$

$$B_j(k)=A_j(k)/A_j(k)_{\max} \tag{4}$$

式中，$B_i(k)$，$B_j(k)$表示各项因素指标数据无量纲化处理所得数据；$A_i(k)\max$，$A_j(k)\max$表示各项因素指标数据的最大值。

（3）关联系数计算

依据灰色关联度的相关定理，按式（5）计算出数列之间的关联系数$\zeta_{0i}(k)$，即

$$\zeta_{0i}(k) = \frac{\Delta_{\min} + \rho\Delta_{\max}}{\left|B_i(k) - B_j(k)\right| + \rho\Delta_{\max}} \tag{5}$$

式中，$\Delta_{\min} = \left|B_i(k) - B_j(k)\right|_{\min}$；$\Delta_{\max} = \left|B_i(k) - B_j(k)\right|_{\max}$，$\rho$为分辨系数，且$\rho = 0.5$。

（4）关联度计算

由于步骤（3）得到的关联系数数据比较分散，不易比较，要对其进行加权求取关联度$R(i)$其将作为最终单一综合评价指标。关联度$R(i)$为

$$R(i) = \frac{1}{\beta}\sum_{k=1}^{\beta}\zeta_{0i}(k) \tag{6}$$

3.4.1.2 北部湾经济区产业结构与物流需求分析

（1）北部湾经济区产业结构

根据研究需要，选取北部湾经济区2009—2018年的三大产业产值、进出口总额、货运量、货物周转量相关数据如表3.2所示，数据主要源自于北部湾经济区南北钦防四个城市的国民经济发展与统计公报及其统计年鉴、北海地情网、南宁统计局、北海统计局、钦州统计局、防城港统计局及2018年《广西统计年鉴》等。

表3.2　北部湾经济区三大产业产值、进出口总额、货运量、货物周转量

年份	第一产业产值/亿元	第二产业产值/亿元	第三产业产值/亿元	进出口额/亿元	货运量/万吨	货物周转量/亿吨公里
2009	443.36	912.17	1137.46	412.87	24624	
2010	511.24	1198.05	1333.45	478.48	44448	
2011	635.08	1545.18	1589.92	703.42	55888	899.58

续表

年份	第一产业产值/亿元	第二产业产值/亿元	第三产业产值/亿元	进出口额/亿元	货运量/万吨	货物周转量/亿吨公里
2012	678.3	1787.21	1803.08	925.99	71892	1636.67
2013	742.96	2097.47	1977	929.72	74440	1625.26
2014	768.7	2385.35	2294.67	1188.86	61690	1532.86
2015	810.31	2530.03	2526.83	1498.56	63416	1658.61
2016	873.39	2810.8	2803.88	1491.99	56646	1647.12
2017	918.95	3314.39	3166.77	1946.94	61333	1774.33
2018	1016.53	3432.13	3785.82	2008.33	67212	1901.81

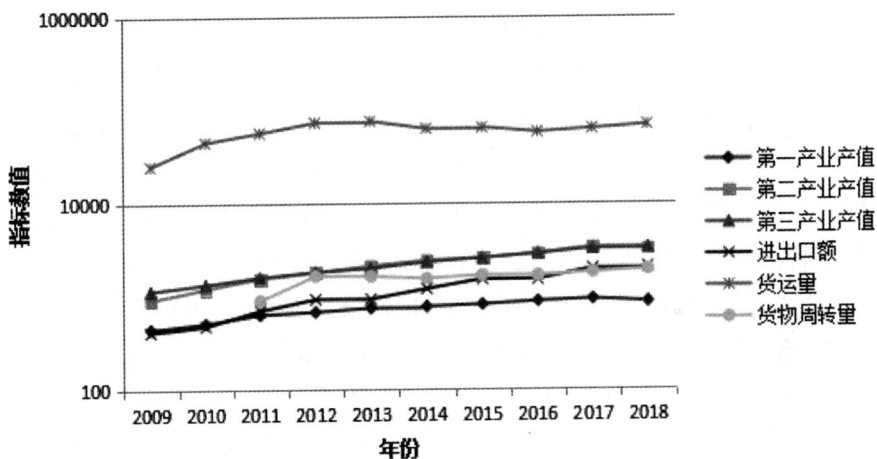

图 3.1　北部湾经济区三大产业结构及物流相关指标趋势图

由表 3.2 和图 3.1 可知,北部湾经济区的三大经济产业结构及物流相关指标趋势走向基本一致,显示了经济发展与物流业之间的相互关系,说明经济发展及经济产业结构的改革均带动物流业的发展,同时物流业的迅速壮大也带动经济发展及经济产业结构的变革。根据北部湾经济区 2009—2018 年的经济产业结构数据可知,2009 年北部湾经济区第三产业同比增长 18.57%。好景不长,第三产业同比增长率逐年降低,于 2013 年第三产业同比增长率降为 9.65%。而 2014 年北部湾经济区第三产业同比增长率回升至16.06%。同时,2014年之前三大产业对物流需求的影响基本一致,伴随经济产业结构的不断改革,第三产业对物流需求的影响越来越明显,至2014年第三产业增长率突然提升也带动北部湾经济区进出贸易发展。

通过对北部湾经济区的物流观察可知,北部湾经济区于2013年启动并完成交通同城化,这一举措极大的完善了区域内交通运输网络,而2014年"口岸通关一体化、旅游同城化、资源同城化"的开展极大带动了北部湾经济区第二产业和第三产业的发展。可见北部湾经济区同城化对北部湾经济产业结构产生一定影响,且经济产业结构对物流需求相关指标具有一定的推动作用。所以2014年后第二产业和第三产业对物流的需求量逐渐增加。总体来说,物流业是一个服务性产业,物流产业的形成和建设与区域经济发展水平和物流市场的需求密切相关。物流业、制造业、贸易产业相互依存,相互促进。制造业和贸易产业是物流产业发展的前提和基础,物流产业是制造业和贸易产业发展的促进因素。如果区域经济发展能够创造和释放足够的物流需求,就有可能吸引相关物流企业,支持服务区域的组织和企业,进一步发展和形成物流产业集群。随着物流产业集群的发展,物流作为战略和基本产业,在振兴和培养地区经济方面发挥了更大的作用。作为其他产业集群的支援服务产业,物流行业集群将通过自身专业部门的效应,促进产业和商业企业的物流服务外包,强化区域中有产业竞争力的企业,聚焦核心竞争优势,促进物质循环。产业和商业企业的反应链优化和核心竞争力将成为调整区域产业结构、改变经济增长模式的重要方法。因此,为了加快近代物流服务系统的构建,需要将物流产业集群的整备进行调整与更新。

（2）北部湾经济区产业结构与物流需求分析

在指标选取方面,由于物流基础活动为运输,所以部分学者选用货运量、货物周转量等为物流需求指标。例如,胡小建等选取社会物流总产值与地区生产总值、物流总费用、固定资产投资和进出口总额五个指标,建立多元非线性组合回归预测模型。张衡等基于互联网环境选取区域外贸进出口商品总额、三大产业产值及区域信息水平化等相关指标预测上海市物流需求。基于以往学者对物流需求预测指标体系的构建,结合北部湾经济区重要物流枢纽等特殊属性,选取北部湾经济区2009—2018年的第一产业产值、第二产业产值、第三产业产值、货运量、货物周

转量和进出口总额为指标,根据表 3.2 所示北部湾经济区 2009—2018
年的原始数据,利用灰色关联分析法,计算出北部湾经济区第一产业、
第二产业、第三产业分别与进出口总额、货运量及货物周转量的关联
度,如表 3.3 所示。

表 3.3　北部湾经济区产业结构与物流相关指标之间的关联度

	第一产业	第二产业	第三产业
进出口总额	0.53	0.70	0.73
货运量	0.71	0.62	0.65
货物周转量	0.69	0.71	0.59

根据表 3.3 数据可知,北部湾经济区的第一产业与货运量和货物周
转量关联度最高,而第三产业与货运量和货物周转量关联度偏低,这个
结果与北部湾经济区目前的经济、产业结构对物流产生的影响一致。区
域经济的产业结构由第一、第二、第三产业形成。三个产业发展的是否
平衡,关系到区域经济产业结构的分化,进而形成地域物流需求结构的
不同特性。在广西 GDP 中,第一产业的贡献值占最大比例的情况下,区
域物流需求主要是农产品的运输和贮藏需求,其他高附加值物流需求较
少。当第二产业的生产价值占最大比例的情况下,除了运输和贮藏需求
外,区域物流还需要满足第二产业对物流业的分配、包装、循环处理等
附加价需求,导致物流需求的种类大大增加。当第三产业的生产价值占
最大比例时,区域物流需求主要是物流服务需求。完整的物流网络和物
流管理系统可以完全满足物流服务的需求,不断提高物流服务水平,降
低物流成本,通过物流管理的信息化和自动化来创造更多的附加价值。
因此,经济和产业结构的发展和变化对物流需求结构系统的构成有重要
影响。广西壮族自治区的种植业与畜牧业为主要产业,且农产品的生产
加工全过程都需要物流运输,其物流需求主要集中于仓储和运输等传统
运输环节。所以第一产业对区域物流的带动作用最明显,尤其是体现在
货运量和货物周转量两方面。其次,进出口总额与第三产业的关联度最
高,而第一产业与进出口总额关联度偏低,证明北部湾经济区产业结构
调整对国际物流有一定影响。近年来,伴随"一带一路"重要构想、国际
陆海新通道及西部大开发等战略政策启动,北部湾经济区面向东盟地区
贸易越来越频繁,不仅带动北部湾经济区进出口贸易,还推动物流产业

的发展。最后,第二产业与进出口总额和货物周转量关联度较高,而与货物量关联度较低,证明北部湾经济区第二产业的产品大部分进行出口交易。但由于出口国偏向于东盟,出口国数目多且物流基础设施较差,所以货物周转量大,从而第二产业与货物周转量关联度偏高。基于三大产业结构与物流需求指标的相关性,北部湾经济区迅速调整经济产业结构,第三产业所占比重越来越大,使第二、三产业同步发展。最后伴随经济产业结构调整,北部湾经济区进出口总额也在不断增加,且第三产业对物流需求逐步增加。

同时,由表 3.2 数据可以看出近十年来北部湾经济区经济产业结构调整,2009 年北部湾经济区三大产业结构比重为 17.8∶36.6∶45.6,2013 年为 15.4∶43.5∶41.1,2018 年为 11.8∶43.6∶44.6。整体上北部湾经济区第一产业与第三产业比重逐年下降,第二产业比重逐年增加,截至 2013 年北部湾经济区第二产业比重首次超越第三产业比重,同年北部湾经济区货运量及货物周转量大幅度增加,达到近十年内最大值。这一现象不仅验证了第二产业对物流需求的作用,还再次证明北部湾经济区产业结构的调整对物流需求有一定的影响,基于此,北部湾经济区开始注重于第二产业与第三产业的同步发展,于 2018 年,第二产业和第三产业所占比重基本相似。

3.4.2 北部湾经济区物流需求预测分析

北部湾经济区物流产业壮大需要以北部湾经济区的经济为支撑,而北部湾经济区的经济迅速发展必然与北部湾经济区经济产业结构相关。综合来看,北部湾经济区的地区生产总值总体是稳步上升的。其中 2009 年至 2011 年的 GDP 均以 20% 以上的增速增长,发展势头迅猛。2012 年开始增速有所减缓但还是以 10% 左右的增长速度持续增长到 2017 年,同时,随着"一带一路"倡议的发起,广西在 2015 年可以发现经济区 GDP 有一个明显的增长趋势。从表面上看,钦州地区经济的增长与北部湾经济区对物流产业的需求有一定的正相关关系。对这种关系的研究以及对未来的预测,就显得尤为重要。

因此,对北部湾经济区物流需求预测前需先对北部湾经济区的经济发展及经济产业结构进行预测分析,再根据北部湾经济区经济结构中的三大产业构成对北部湾经济区 2019—2021 年的物流需求进行预测分析。在对物流需求的预测分析过程中选取进出口总额、货运量和货物周转量来衡量物流需求量,使最终预算结果可视化且更加科学准确。

北部湾经济区经济发展预测基于北部湾经济区经济产业结构因素。而三大经济产业产值可以根据过去的变化趋势预测未来的发展,因此选定时间序列分析的研究方法,运用 ARIMA 模型分析三大产业产值,对北部湾经济区 2019—2021 年三大产业产值分别预测。

著名时间序列预测方法是由博克思和詹金斯于 20 世纪 70 年代初提出。其中 ARIMA(p, d, q)称为差分自回归移动平均模型,其操作步骤如下:

首先,分别检验三大产业结构的平稳性。对其进行差分处理,使其形成稳定随机序列;其次估计模型参数,据观察,模型参数为 $p=0$, $d=1$ 和 $q=0$;最后参数建立 ARIMA(0,1,0)模型,分别对三大产业产值进行预测。

第一、二、三产业产值的 R 方分别为 0.961、0.978、0.971,说明所建立模型的拟合度较好。通过 SPSS25.0 运行模型得出北部湾经济区 2019—2021 年三大产业产值的预测值,如表 3.4 所示。

表 3.4　三大产业产值 ARIMA 模型预测值

模型		2019	2020	2021
第一产业产值 / 亿元	预测	1080.22	1143.90	1207.59
第二产业产值 / 亿元	预测	3712.13	3992.12	4272.12
第三产业产值 / 亿元	预测	4080.08	4374.34	4668.61

运用 ARIMA 模型对北部湾经济区 2019—2021 年三大产业产值的预测结果较为合理,由表 3.4 数据可知,北部湾经济区的经济是逐年增加的,这符合于北部湾经济区目前趋势。2019 年预测的北部湾经济区经济产业结构为 12.2：41.8：46.0,可见北部湾经济区第三产业的迅速发展,而第一、二产业稳定发展,这一经济结构将加速物流产业发展。由于第一产业的物流需求主要集中于仓储和运输等传统运输环节,且第一产业产品均为大批量运输,物流需求较大。而伴随着北部湾经济区的第三产业发展,北部湾经济区整体的物流需求不仅是运输和仓储基础物流活动,其逐步发展到包含物流整体设计规划、运输方案制定与实施、包装仓储、简单深加工等,且运输方式也发生改变,由传统的大批量运输一次性运输发展到当前的少量、高效、低成本的物流运输需求。因此,以

北部湾经济区进出口总额、货运量、货物周转量来代替物流需求进行预测可获得科学准确的数据。

3.4.3 北部湾经济区物流需求量预测

由图 3.1 可看出,2009—2018 年北部湾经济区的进出口总额、货运量和货物周转量与经济产业结构的三大产业走势基本一致。三大产业构成了三个自变量因素,运用多元回归分析法对北部湾经济区 2019—2021 年的物流需求量进行预测。根据表 3.2 数据,设 D_1 为北部湾经济区进出口总额的预测量,D_2 为北部湾经济区货运量的预测量,设 D_3 为北部湾经济区货物周转量的预测量,y_i 为第 i 产业产值,使用 spss 软件进行多元线性回归分析,得到北部湾经济区物流需求预测量的数学方程如下。

$$D_1 = 69.117 - 1.365y_1 + 0.6711y_2 + 0.278y_3 \tag{7}$$

$$D_2 = -51491.959 + 320.994y_1 - 18.372y_2 - 38.987y_3 \tag{8}$$

$$D_3 = -1651.861 + 6.496y_1 + 0.115y_2 - 0.916y_3 \tag{9}$$

将表 3.4 的预测量结构代入公式(7)、公式(8)和公式(9)中,可以得到北部湾经济区 2019—2021 年物流需求量如表 3.5 所示。

表 3.5　北部湾经济区 2019—2021 年物流需求量

年份	D_1/ 亿元	D_2/ 万吨	D_3/ 亿吨·公里
2019	2219.72	67982.85	2054.79
2020	2402.47	71807.46	2231.11
2021	2585.22	75634.70	2407.49

总体而言,基于经济产业结构的多元回归分析对物流需求预测的结果还是较为理想的。表 3.5 的结果显示,2019—2021 年北部湾经济区的物流需求量的发展趋势依然遵循经济发展的趋势,且物流需求量逐年增加与未来北部湾经济区的经济结构调整趋势及经济发展对物流需求的影响相吻合。其次,预测结果显示北部湾经济区的货运量增长速度较快,这对于北部湾经济区物流基础设施提出了更高要求,即北部湾经济区需加速完善区域物流基础设施。而北部湾经济区的进出口总额和货物周转量稳定增加表明第二、三产业稳定协同发展,若想实现突破需优化第二、三产业体系,加大第二、三产业发展。

第4章

北部湾物流产业生态位竞争水平及适宜度研究

4.1　北部湾物流产业生态位竞争力水平评价

2013 年,国家主席习近平提出"一带一路"的倡议。"一带一路"沿线重点省市区包括西北地区的新疆、陕西、甘肃、宁夏、青海、内蒙古 6省,东北地区的黑龙江、吉林、辽宁 3 省,西南地区的广西、云南、西藏 3省,内陆地区的重庆,沿海的上海、福建、广东、浙江、海南 5 省。十九大报告中指出:要以"一带一路"建设为重点,坚持引进来和走出去并重,遵循共商共建共享原则,加强创新能力开放合作,形成陆海内外联动、东西双向互济的开放格局。这反映了国家高度重视"一带一路"倡议以及国际国内跨区域之间的协同发展。而物流产业对"一带一路"倡议的落实以及国际国内跨区域之间的合作起着重要的带动、支撑和辐射作用。因此,本节研究"一带一路"沿线重点省市区物流产业竞争力不仅有利于加快各区域物流产业集群壮大,从而推动各省市区的区域物流产业转型升级,还能为各省市区政府制定物流产业政策提供理论依据和决策参考。

近年来,物流产业竞争力仍然是国内外学者一直研究的热点问题,以往国内外文献多从区域的视角采用模糊综合评价法、回归分析法、熵权法和综合评价指数法相结合、熵权灰色关联分析法、聚类分析法、因子分析法、TOPSIS 等方法研究物流产业竞争力。与传统研究方法相比,生态位理论不仅能解释产业种群间、种群内的竞争模式和共生机制,还能反映产业生态系统的和谐性、产业与外部生态环境的适宜程度。本节基于生态位相关理论,借鉴有关学者已建立的物流产业竞争力评价指标体系以及结合"一带一路"倡议的特有属性,从资源维、技术维和市场维这三个维度构建物流产业竞争力评价指标体系,并采用生态位态势测度的方法分析"一带一路"沿线 18 个重点省市区三个维度的生态位和综合生态位及其排名,最后根据研究结果对这些省市区提出物流产业生态位构建路径。

4.1.1 域物流产业生态位评价指标体系的构建

4.1.1.1 模型构建

本节利用生态位相关理论把"一带一路"沿线重点省市区置于一个物流生态系统中研究,并把这 18 个重点省市区看作是 18 个物流产业种群,通过采用生态位的思想计算"一带一路"沿线 18 个重点省市区资源维、技术维和市场维的生态位和综合生态位,从而分析各省市区的物流产业竞争力程度。其中,各维度生态位和综合生态位的计算过程如下面的步骤所示。

首先,对获取的数据进行标准化处理,以便排除不同指标单位不一致造成的影响,公式如下:

$$x_{ij} = \frac{c_{ij}}{c_{\max ij}} \tag{1}$$

公式(1)中的 c_{ij} 是指第 i 个省市区第 j 个指标,$c_{\max ij}$ 指第 j 个指标的最大值,如果指标中出现逆向数据,则采用公式 $x_{ij} = c_{\min ij}/c_{ij}$。

(2)其次,采用以下公式(2)~(4)可以依次计算出三级、二级和一级评价指标的权重:

$$p_{ij} = \frac{r_{ij}}{\sum_{i=1}^{m} r_{ij}} \tag{2}$$

$$H_j = -\frac{1}{\ln n} * \sum_{i=1}^{m} (p_{ij} \ln p_{ij}) \tag{3}$$

$$W_j = (1 - H_j)/\sum_{j=1}^{n} (1 - H_j) \tag{4}$$

公式(2)中 P_{ij} 是指第 j 个指标下第 i 个省市区占该指标全部省市区的比重,公式(3)中 H_j 是第 j 个指标的熵值,公式(4)中 W_j 是指第 j

个指标的熵权。

然后,根据原始数据计算三级指标生态位的公式如下:

$$N_{ij} = \frac{(s_{ij} + AP_{ij})}{\sum_{i=1}^{m}(s_{ij} + AP_{ij})} \qquad (5)$$

公式(5)中,A 为量纲转换系数,N_{ij} 表示 i 省市区指标 j 的生态位,S_{ij} 表示 i 省市区指标 j 的态,P_{ij} 表示 i 省市区指标 j 的势,$i=1,2,3,\cdots,m$,$j=1,2,3,\cdots,n$。

最后,根据以下公式(6)依次计算二级指标生态位、一级指标生态位和综合生态位。

$$N_i = \sum_{j=1}^{n} W_j N_{ij} \qquad (6)$$

4.1.1.2 样本数据来源

本节选取我国"一带一路"沿线 18 个重点省市区作为研究样本来评价各省市区物流产业的竞争力程度。研究数据主要来源于 2013—2016 年 18 个省市区国民经济发展与统计公报、2014—2017 年《中国统计年鉴》《中国城市统计年鉴》《中国科技统计年鉴》《中国第三产业统计年鉴》和 18 个省市区统计年鉴。

4.1.1.3 评价指标体系的构建

基于以往学者对物流产业竞争力评价指标体系的构建(孙庆兰等2016;李潘等,2018),结合"一带一路"倡议的特殊属性,并考虑数据的系统性、可获得性、可操作性等特点,本节分别从资源维的人才指数、物流基础设施指数、资本指数和技术维的科研和信息技术以及市场维的物流发展指数、经济指数这六个方面选取了 23 个指标来构建物流产业综合评价指标体系,如表 4.1 所示。

表 4.1　物流产业生态位综合评价指标体系

	一级指标	二级指标	三级指标
物流产业竞争力	资源维	人才指数	物流业从业人员数（万人）
			普通高等学校在校学生数（万人）
			普通高等学校毕业生数（万人）
		物流基础设施指数	民用汽车拥有量（万辆）
			公路里程数（公里）
			铁路里程数（公里）
		资本指数	物流业全社会固定资产投资额（亿元）
			交通运输支出（亿元）
	技术维	科研和信息技术	专利申请数（件）
			年末固定电话用户（万户）
			年末移动电话用户（万户）
			互联网宽带接入用户（万户）
	市场维	物流发展指数	邮电业务量（亿元）
			货运量（万吨）
			货运周转量（亿吨公里）
			客运量（万人）
			物流业增加量（亿元）
		经济指数	第一产业增加值（亿元）
			第二产业增加值（亿元）
			第三产业增加值（亿元）
			GDP（亿元）
			货物进口总额（亿元）
			社会消费品零售总额（亿元）

4.1.2 区域物流产业生态位态势测度

4.1.2.1 三个维度的生态位结果分析

本节以各省市区 2014 年、2015 年和 2016 年的数据作为"态"的度量，分别对应以 2013—2014 年、2014—2015 年和 2015—2016 年的增长量作为"势"的度量，并假定量纲转换系数为 1。通过对获取的数据运用上述的公式（1）至公式（4）计算各级指标生态位的熵权，然后采用公式（5）计算出各省市区的三级指标生态位，再利用公式（6）依次计算二级指标生态位、一级指标生态位和综合生态位及其排名，具体计算结果如表4.2～表4.5所示。

如表4.2所示，2014—2016年"一带一路"18个省市区中，广东和云南的资源维生态位优势明显且排名靠前，这与广东和云南自身具备的人才优势、物流基础设施和物流产业的资源投入密切相关，到2016年资源维生态位排名处于中间位置的省市区依次为浙江、黑龙江、福建、重庆、陕西、辽宁和广西，而处于劣势位置的省市区为上海、西藏、青海、海南和宁夏。从局部来看，内蒙古的生态位从2014年排名第7提高到2016年的排名第3，这主要是因为其物流产业的固定资产投入和交通运输的投入加速提高以及其物流基础设施和人才资源的输入相对比较稳定；福建和重庆的资源维生态位有明显的上升趋势，主要是因这两个省市的资本投入逐年增加，而陕西和辽宁的资源维生态位有明显的下降趋势，因其物流产业的资本投入逐年下降；广西资源维生态位有缓慢的上升趋势，这与近几年国家对广西实施的北部湾发展规划、中国—东盟自由贸易区和"一带一路"倡议等一系列政策的实施息息相关；上海的资源维生态位排名靠后的原因在于其物流产业人才资源和物流基础设施的投入变化不大，且物流资本的投入呈现出先升后降的局面。

表4.2　2014—2016年"一带一路"沿线18个省市区物流产业资源维生态位及排名

省市区	2014年	排名	2015年	排名	2016年	排名
新疆	0.0454	12	0.0443	11	0.0466	12
陕西	0.0841	3	0.0691	6	0.0632	8
宁夏	0.0133	18	0.0118	18	0.0135	18
甘肃	0.0464	11	0.0394	13	0.0431	13
青海	0.0175	15	0.0160	15	0.0204	16
内蒙古	0.0681	7	0.0744	4	0.0852	3
黑龙江	0.0690	6	0.0730	5	0.0756	5
吉林	0.0450	13	0.0437	12	0.0498	11
辽宁	0.0710	5	0.0559	9	0.0502	10
广西	0.0521	10	0.0530	10	0.0595	9

省市区	2014 年	排名	2015 年	排名	2016 年	排名
云南	0.1013	2	0.0805	3	0.0946	2
西藏	0.0168	16	0.0134	17	0.0221	15
重庆	0.0572	9	0.0588	8	0.0680	7
上海	0.0253	14	0.0325	14	0.0298	14
福建	0.0621	8	0.0608	7	0.0718	6
广东	0.1378	1	0.1669	1	0.1070	1
浙江	0.0732	4	0.0907	2	0.0825	4
海南	0.0146	17	0.0159	16	0.0170	17

原始数据来源：国家统计年鉴以及各省市自治区直辖市统计年鉴。

　　如表 4.3 所示,2014—2016 年"一带一路"18 个省市区中,广东和浙江的技术维生态位优势明显且排名分别稳居第一和第二,这与广东和浙江自身具备的科研能力和信息技术密切相关。到 2016 年技术维生态位排名比较靠前的省市区依次为福建、辽宁、内蒙古、陕西和上海,广西、重庆的技术维生态位处于中间状态,而黑龙江、新疆、吉林、甘肃、海南、宁夏、青海和西藏的技术维生态位处于劣势位置,究其原因在于这些省的科技和信息技术投入欠佳。从局部来看,广西因多重战略叠加的实施其物流产业竞争力有进一步的上升空间;上海的技术维生态位有明显的下降趋势,主要因为上海市的科研和信息技术投入逐年减少。

表 4.3　2014—2016 年"一带一路"沿线 18 个省市区物流产业技术维生态位及排名

省市区	2014 年	排名	2015 年	排名	2016 年	排名
新疆	0.0301	13	0.0304	13	0.0336	12
陕西	0.0548	7	0.0577	7	0.0568	6
宁夏	0.0080	16	0.0069	17	0.0079	16
甘肃	0.0225	14	0.0255	14	0.0294	14
青海	0.0064	17	0.0072	16	0.0075	17
内蒙古	0.0612	6	0.0617	5	0.0611	5
黑龙江	0.0450	10	0.0432	10	0.0402	10
吉林	0.0351	11	0.0344	12	0.0325	13
辽宁	0.0669	4	0.0650	4	0.0640	4

省市区	2014 年	排名	2015 年	排名	2016 年	排名
广西	0.0468	9	0.0478	9	0.0452	8
云南	0.0328	12	0.0348	11	0.0394	11
西藏	0.0026	18	0.0027	18	0.0035	18
重庆	0.0481	8	0.0561	8	0.0452	9
上海	0.0636	5	0.0612	6	0.0531	7
福建	0.0751	3	0.0759	3	0.0777	3
广东	0.2358	1	0.2402	1	0.2327	1
浙江	0.1549	2	0.1374	2	0.1569	2
海南	0.0104	15	0.0121	15	0.0131	15

原始数据来源：国家统计年鉴以及各省市自治区直辖市统计年鉴。

如表 4.4 所示，2014—2016 年"一带一路"18 个省市区中，广东和浙江的市场维生态位优势明显且排名分别稳居第一和第二，这与广东和浙江自身的物流发展水平和经济发展程度密切相关。到 2016 年市场维生态位排名比较靠前的省市区依次为辽宁、福建、上海，排名处于中间位置的省份是陕西、广西、重庆和内蒙古，而市场维生态位处于劣势位置的省市区依次为云南、黑龙江、吉林、新疆、甘肃、海南、宁夏、青海和西藏，究其原因在于这些省市区的物流发展水平和经济发展程度还有很大的进步空间。从局部来看，2014—2016 年陕西和重庆的市场维生态位有明显的上升趋势，主要因为陕西和重庆的物流产业发展水平和经济发展程度在逐年提升，而内蒙古因其物流产业发展水平整体上呈逐年下降的趋势导致内蒙古的市场维生态位的排名整体上逐年靠后。

表 4.4　2014—2016 年"一带一路"沿线 18 个省市区物流产业市场维生态位及排名

省市区	2014 年	排名	2015 年	排名	2016 年	排名
新疆	0.0386	13	0.0298	13	0.0312	13
陕西	0.0520	8	0.0562	7	0.0595	6
宁夏	0.0099	16	0.0109	16	0.0109	16
甘肃	0.0250	14	0.0258	14	0.0248	14
青海	0.0066	17	0.0068	17	0.0066	17
内蒙古	0.0556	6	0.0486	9	0.0511	9

省市区	2014 年	排名	2015 年	排名	2016 年	排名
黑龙江	0.0472	10	0.0445	10	0.0454	11
吉林	0.0508	9	0.0374	12	0.0369	12
辽宁	0.0922	3	0.0879	3	0.0698	4
广西	0.0550	7	0.0565	6	0.0578	7
云南	0.0429	12	0.0439	11	0.0471	10
西藏	0.0026	18	0.0027	18	0.0026	18
重庆	0.0449	11	0.0509	8	0.0513	8
上海	0.0712	5	0.0738	5	0.0636	5
福建	0.0719	4	0.0753	4	0.0760	3
广东	0.2048	1	0.2147	1	0.2100	1
浙江	0.1135	2	0.1203	2	0.1413	2
海南	0.0152	15	0.0140	15	0.0142	15

原始数据来源：国家统计年鉴以及各省市自治区直辖市统计年鉴。

4.1.2.2 综合生态位结果分析

如表 4.5 所示，总体来说，"一带一路" 18 个重点省市区的物流产业竞争力之间存在着明显的差异，但并未呈现出地域之间的显著差异。

表 4.5　2014—2016 年"一带一路"沿线 18 个省市区物流产业综合生态位及排名

省市区	2014 年	排名	2015 年	排名	2016 年	排名
新疆	0.0384	13	0.0352	13	0.0376	15
陕西	0.0644	5	0.0613	6	0.1795	7
宁夏	0.0105	16	0.0100	17	0.0323	17
甘肃	0.0319	14	0.0306	14	0.0973	13
青海	0.0105	17	0.0102	16	0.0346	16
内蒙古	0.0618	6	0.0620	5	0.1974	4
黑龙江	0.0544	8	0.0542	9	0.1612	10
吉林	0.0438	12	0.0387	12	0.1192	12
辽宁	0.0768	3	0.0692	4	0.1840	5
广西	0.0514	10	0.0525	11	0.1625	9

续表

省市区	2014 年	排名	2015 年	排名	2016 年	排名
云南	0.0608	7	0.0541	10	0.1811	6
西藏	0.0077	18	0.0065	18	0.0282	18
重庆	0.0503	11	0.0554	7	0.1645	8
上海	0.0523	9	0.0551	8	0.1465	11
福建	0.0694	4	0.0703	3	0.2256	3
广东	0.1903	1	0.2056	1	0.5496	1
浙江	0.1118	2	0.1151	2	0.3807	2
海南	0.0135	15	0.0141	15	0.0444	14

原始数据来源：国家统计年鉴以及各省市自治区直辖市统计年鉴。

本节结合"一带一路"各省市区 2014—2016 年资源维生态位、技术维生态位、市场维态位和综合生态位计算结果，将这 18 个重点省份的物流产业竞争力分为四个等级，分别为强、较强、中等、较弱。

第一类为具有强物流产业竞争力的广东和浙江，2014—2016 年"一带一路"18 个省市区中广东和浙江的物流产业竞争力排名稳居第一和第二，这与广东和浙江的人才引入、物流基础设施、资本投入、科研与信息技术、物流发展水平和经济发展程度处于领先地位密切相关。

第二类为具有较强物流产业竞争力的福建、内蒙古、辽宁、云南、陕西、重庆，其中，从 2014—2016 年，福建的物流产业竞争力逐渐增强，这与其当地物流产业资本投入和吸引外资相关；内蒙古物流产业竞争力缓慢增强在于其资本投入加速增长但物流发展水平和经济发展程度还有待提高；云南物流产业竞争力呈现先增后降的趋势，这与其物流基础设施和资本投入呈现先上升后下降的趋势以及科技和信息技术、物流产业和经济发展水平下降密切有关；而陕西的物流产业竞争力呈缓慢上升趋势的原因在于其信息技术投入、物流产业及经济发展水平上升的影响力度比资本投入逐年下降的影响力度稍强；重庆物流产业竞争力逐渐增强的重点在于其人才引进和资本投入的逐年增加，还有其物流产业和经济发展水平的贡献。

第三类为具有中等物流产业竞争力的广西、黑龙江和上海，其中，2014—2016 年，广西因其一系列多重战略叠加的机遇从而引起资本投入显著增加以及经济较快发展最终促进其物流产业竞争力的相对提高；黑龙江因其人才优势和资本投入的增加但经济发展水平的缓慢下降趋势造成其物流产业竞争力的排名提高略慢；上海物流产业竞争力排名先增后降的原因在于其资本投入先增加后减少，科技与信息技术的投入持续下降，并且物流产业和经济发展水平整体呈下降趋势。

　　第四类为具有较弱物流产业竞争力的吉林、甘肃、海南、新疆、青海、宁夏和西藏，究其原因在于这些省市区的物流基础设施、资本投入、人才引进、信息科技水平、物流发展水平和经济发展程度还有很大的提升空间。特别地，西藏因其特殊的地理位置，其物流产业竞争力水平在这 18 个省份中处于最弱的地位，因而需要其从多方面进行改善。

4.2　北部湾物流产业生态适宜分析

　　早在 1894 年，美国密执安大学的 Steere 在解释菲律宾群岛上鸟类分离而居的现象时，就涉及物种生态位分离的问题，但未对生态位内涵作详细阐释（Mcintosh，1985）。之后，"空间生态位"（Grinnell，1917）[63]、"功能生态位"（Elton，1927）被相继提出，前者从生物分布角度强调物种的"栖息地、住所"内涵，后者则从生物群落层面注重有机体的生命周期以及如何维持其生命（Griesemer，1992），至此已经确认生态位是环境的特征、属性（Colwell，1992）。然而，真正建立现代生态位理论基础的是 1957 年 Hutchinson 以抽象几何的概念提出的"多维超体积生态位"，即一种生物与其他生物和生态环境全部相互作用的总和，此解释涵盖了与物种存活环境所有相关的特征，进而有效取代了 Grinnell[63] 着重在栖息地以及 Elton 把焦点放在食物链上的解释（Real and Levin，1991）。

　　生态位理论主要用来分析生物组织如何利用有限的资源，与其他族群在环境中构建共存与竞争关系（Hannan and Freeman，1989）。由于经济社会事物的运行轨迹普遍存在自然规律的映射，该理论被拓展至报纸出版业、制酒业、银行业等产业种群中（Kroes，1977；Odum，1983[5]；

Carroll & Hannan,1992；Tilman,2004 等），认为产业生态位即是产业在战略环境中所获取的资源,相比种群生态位更有意义,能为产业战略选择提供新的视角（Baum & Singh,1994）[69],为产业形态演化及产业集群竞争提供了广泛合理的解释（Dimmick & Rothenbuhler,1984）[107]。而生态位理论在物流产业领域的应用相对较晚,但成果颇丰,容和平等（2010）[25]、刘岩等（2012）[22]、周凌云等（2013）、唐建荣等（2015）、Antai & Olson（2013）[76]等诸多学者都做过深入研究。

随着在物种、族群、产业种群等领域关于进化生态理论基础的夯实,生态位的可定量化和可测度问题开始受到重视（MacArthur,1970[1]；Chase 等,2003）。Dimmick（1993）[68]提出判定族群面对竞争存活能力可通过生态位分析,即以生态位适宜度、宽度、重叠度及优势度来衡量。而生态位适宜度则为产业系统生态因子间协同性和耦合性的定量与客观评价提供了有效分析工具（孙丽文、李跃,2017）。Odling-Smee 等（2013）[3]指出因环境改变、生态位构建所形成的生物体特征及其他适应性特征,其共同进化的动力依赖于环境中能被生态位构建所改变的自然选择的反馈作用,这些模型涉及宽度、位置以及在进化博弈中的距离、宽度比率等生态位特性的演变。对于物流产业而言,可借助生态位适宜度来衡量物流产业发展所要求的最适生态位空间与现实生态因子所构成的现实生态位空间之间的贴近程度,揭示物流产业发展现状条件对其生态持续发展的适宜性程度（唐建荣等,2015；杜媚等,2016）。

在全球一体化程度日益增加的背景下,物流作为竞争力的一个主要驱动因素,更是关系到一国经济的兴衰（Dadush,2007）。中国物流产业历经改革开放以来的快速扩张,已经成为现代服务业的支柱之一,在支撑其他产业的调整与发展、提升消费和吸收就业等方面发挥重要作用。

然而,中国物流产业总体运行效率偏低,物流绩效（LPI）世界排名第仅 26 位,远落后于美国（第 9 位）、日本（第 4 位）等发达国家（世界银行,2015）,使中国经济降本增效、结构转型升级面临瓶颈障碍。尤其当前中国经济已步入新常态阶段,物流产业能否提升效率降低企业运营成本、能否实现生态发展以及能否构建高效集约、协同共享、融合开放、绿色环保的商贸物流体系,事关中国经济增长范式转变的成败。

本节将生态位思维引入物流产业领域,通过分析物流产业生态位适宜度动态演化规律以及物流产业生态位因子间的耦合、协调程度来科学预测各省区物流产业的发展趋势,使物流产业以生态位构建和优化得以推动,为实现物流产业内部及与其他产业之间平衡协同,确保经济结构转型升级与经济生态系统可持续发展提供分析基础。

4.2.1 物流产业生态位适宜度测度模型构建

4.2.1.1 物流产业生态位适宜度模型理论架构

在林红、李自珍(1998)建立测度作物生态位适宜度模型理论基础上,若考虑到与物流产业发展有关的 n 种生态因子,将在 m 地区对 n 生态因子进行观测,其量化指标标准化值 $x_{ij}(i=1,2,\cdots,m;j=1,2,\cdots,n)$ 表示第 i 地区、第 j 生态位因子的观测值,即第 i 地区、第 j 生态位因子的现实生态位,并构成 $m \times n$ 流产业生态发展过程中,第 j 生态因子的最适值记作 $x_{Bj}(j=1,2,\cdots,n)$,构成 $1 \times n$ 维生态因子最适值矩阵 $X_B=(x_{B1},x_{B2},\cdots,x_{Bn})$,则物流产业生态位适宜度模型如下:

$$F_i = \sum_{j=1}^{n} B_j \frac{\min\left\{\left|x_{ij} - x_{Bj}\right|\right\} + \alpha \max\left\{\left|x_{ij} - x_{Bj}\right|\right\}}{\left|x_{ij} - x_{Bj}\right| + \alpha \max\left\{\left|x_{ij} - x_{Bj}\right|\right\}} (i=1,2,\cdots,m) \qquad (1)$$

式中,F_i 代表第 i 个地区物流产业生态位适宜度,其值越大表明现实生态位满足物流产业生态发展需求的程度越高,其值一般在 0 ~ 1;β_j 为第 j 种生态因子的客观权重;$\alpha \in [0,1]$ 为模型参数。

4.2.1.2 生态因子客观权重 β_j 的确定

物流产业生态位作为多指标综合评价问题,如何合理确定各指标的权重非常关键,其方法包括 Delphi、AHP、专家评分等主观赋权法和 CRITIC(Diakoulaki,1995)、熵权、标准离差等客观赋权法,各种方法因其计算依据不同而产生指标权重大小差异。但一些学者(王昆、宋海洲,2003;吴希,2016)认为 CRITIC 法同时考虑了指标内对比强度和指标间冲突性对赋权的影响,相对于其他评价方法,评价结果更为客观可信,本节采用此方法来计算权重 β_j。其中,物流产业第 j 种生态因子内部区域间对比强度以标准差 σ_j 来衡量,其值越大表明因子内部区域间差距越大;物流产业第 j 种生态因子与其他生态因子之间的冲突性以因子间的相关性为基础,如果两生态因子间的相关性较强,则表明因子间冲突性较低,其量化指标为 $\sum_{k=1}^{n}(1-\rho_{kj})$（$\rho_{kj}$ 为第 k 种生态因子与第 j 种生态因子之间的相关系数）。令 c_j 表示第 j 种生态因子所包含的信息量,则 c_j 为:

$$c_j = \sigma_j \sum_{k=1}^{n}(1-\rho_{kj})(j=1,2,...,n) \qquad （2）$$

c_j 值越大相对越重要,物流产业第 j 种生态因子所包含的信息量越多,则第 j 种生态因子的客观权重 β_j 为:

$$\beta_j = \frac{c_j}{n}(j=1,2,...,n) \qquad （3）$$

可见,客观权重 β_j 确定就是以第 j 种生态因子内对比强度和第 j 种生态因子与其他生态因子之间的冲突性来综合衡量的。

4.2.1.3 模型参数 α 值的测度

李自珍等 [19]（1998）、马富裕等（2005）在测度参数 α 过程中,令 $\varepsilon_{ij} = \left| x_{ij} - x_{Bj} \right|(i=1,2,...,m;j=1,2,...,n)$,记 ε_{ij} 的最大值、最小值和均值分别为:

$$\varepsilon_{\max} = \max\left\{\varepsilon_{ij}\right\} = \max\left\{\left| x_{ij} - x_{Bj} \right|\right\} \qquad （4）$$

$$\varepsilon_{\min} = \min\left\{\varepsilon_{ij}\right\} = \min\left\{\left| x_{ij} - x_{Bj} \right|\right\} \qquad （5）$$

$$\overline{\varepsilon_{ij}} = \frac{1}{m \times n}\sum_{i=1}^{m}\sum_{j=1}^{n}\varepsilon_{ij} \qquad （6）$$

若假定 $\varepsilon_{ij} = \overline{\varepsilon}_{ij}$,则参数 α 估计值可由 F_i=0.5 导出:

$$\frac{\varepsilon_{\min} + \alpha\varepsilon_{\max}}{\overline{\varepsilon_{ij}} + \alpha\varepsilon_{\max}} = 0.5$$

$$即:\alpha = \frac{\overline{\varepsilon_{ij}} - 2\varepsilon_{\min}}{\varepsilon_{\max}} \qquad （7）$$

对于参数 α,李自珍等 [19]（2010）在测度作物生态位适宜度时认为其一般取 0.35 左右为宜。

4.2.3.4 生态因子最适值 x_{Bj} 的确定

唐建荣等（2015）在研究物流产业集群时将标准化后第 j 种生态因子的最大值作为其最适值，本节认为不是所有指标越大越好，在物流产业生态发展过程中更多的指标是适中为宜，基于这种理念，本节采用数理分析法来确定最适值 x_{Bj}。韩明彩（2012）认为社会实践中许多事件的概率可近似作为正态分布，我们不妨假设物流产业生态位因子样本观测值也近似服从正态分布。则令：

$$\mu_j = \frac{1}{m}\sum_{i=1}^{m} x_{ij}(j=1,2,\cdots,n) \qquad (8)$$

$$\sigma_j = \sqrt{\frac{1}{m}\sum_{i=1}^{m}(x_{ij}-\mu_j)^2}(j=1,2,\cdots,n) \qquad (9)$$

其中，μ_j 为样本均值，即样本数据中的"中等"，σ_j 为样本标准差，则取：

$$x_{Bj} = \mu_j + \sigma_j(j=1,2,\cdots,n) \qquad (10)$$

由式（10），可以测算出第 j 种生态因子的最适值 x_{Bj}。

4.2.2 物流产业生态位适宜度实证分析

4.2.2.1 物流产业生态位适宜度指标体系选择

物流产业生态位受诸多生态因子的影响，属于一个多维的超体积生态位，其生态位适宜度评价应遵循科学性、可靠性和可获得性原则。对于物流产业生态位适宜度评价指标体系的选择，唐建荣等（2015）选取资源、市场、制度和技术等4个要素维度来衡量，杜媚等（2016）则从城市经济生态位、物流发展生态位、信息化水平及教育科研水平生态位4个维度构建了城市物流产业生态位测评体系，王长琼（2005）、刘建文（2009）、Rodrigue 和 Notteboom（2010）等学者也作了相关研究。但总体而言，上述所选取物流产业生态因子指标体系较为简单，难以准确衡量物流产业生态发展状况。本节借鉴以往文献研究成果，将物流产业生态位适宜度看作以资源为核心、以市场为推动力、以环境为保障的综合结果，进而以环境、市场、资源等三维度26个细分生态因子指标构建物流产业生态位适宜度评价体系（见表4.14），以真实反映物流产业生态发展的根本性、代表性特征。

表 4.14　物流产业生态位适宜度评价指标体系架构

评价目标	构面指标	分类指标	生态因子	生态因子标准化值 x_{ij}
物流产业生态适宜度	环境生态位	对外开放政策	进出口总额比上年增长（%）	x_{i1}
			外商投资企业投资总额（百万美元）	x_{i2}
		财政政策	地方财政一般预算支出（亿元）	x_{i3}
			地方财政一般预算收入（亿元）	x_{i4}
		法律环境	交通事故直接财产损失（万元）	x_{i5}
	市场生态位	社会物流总额	交通运输业增加值（亿元）	x_{i6}
			货运周转量（亿吨公里）	x_{i7}
			货运量（万吨）	x_{i8}
		固定资产投入	新增固定资产（亿元）	x_{i9}
			交通运输固定资产投资（亿元）	x_{i10}
		产业结构	GDP（亿元）	x_{i11}
			第一产业增加值（亿元）	x_{i12}
			第二产业增加值（亿元）	x_{i13}
			第三产业增加值（亿元）	x_{i14}
			第二产业占 GDP 比重（%）	x_{i15}
			居民消费水平（元）	x_{i16}
		进出口	进出口总额（千美元）	x_{i17}
	资源生态位	技术资源	国内专利申请授权量（项）	x_{i18}
			公路营运载货汽车吨位数（吨）	x_{i19}
		人力资源	交通运输人员平均工资（元）	x_{i20}
			交通运输从业人员（万人）	x_{i21}
		基础设施	铁路营运里程（万公里）	x_{i22}
			公路里程（万公里）	x_{i23}
		信息资源	固定电话交换机容量（万路端）	x_{i24}
			移动电话交换机容量（万户）	x_{i25}
			互联网上网人数（万人）	x_{i26}

4.2.3.2 数据来源及其标准化

考虑到香港、澳门等区域的特殊性,本节以北京、天津等31个内陆省区为研究对象,测算且比较分析各省区在十一五、十二五(2006—2015)期间物流产业生态位适宜度,初步判断物流产业生态位动态演化趋势,从而对各省区及整体层面物流产业生态发展的统筹规划和政策制定提供支撑,提升我国物流产业综合竞争能力。本节从资源、市场和环境三个维度,收集26个生态位因子指标数据,数据来源于《中国统计年鉴》(2007—2016)、《中国环境统计年鉴》(2007—2016)和《中国物流年鉴》(2007—2016)。对于个别生态因子指标某个年度的数据缺失问题,我们采取插值法进行处理。考虑到生态因子指标间存在量纲差异,评价前需对数据作标准化处理,使其量纲具有一致性。本节采用极差变换法进行数据的标准化处理,对于希望越大越好的正向指标:

$$x_{ij} = \frac{x'_{ij} - \min(x'_{ij})}{\max(x'_{ij}) - \min(x'_{ij})} (i=1,2,\cdots,m; j=1,2,\cdots,n) \quad (11)$$

而对于希望越小越好的负向指标,则令:

$$x_{ij} = \frac{\max(x'_{ij}) - x'_{ij}}{\max(x'_{ij}) - \min(x'_{ij})} (i=1,2,\cdots,m; j=1,2,\cdots,n) \quad (12)$$

其中,x_{ij} 标准化数值,x'_{ij} 为年度数据观测值。

4.2.2.3 物流产业生态位适宜度测算及其评价

在指标数据标准化后,根据构建的物流产业生态位适宜度测度模型,测算每个年度的 α 值、每年度各生态因子指标权重 β_j 及其生态位最适值 x_{Bj}。在此基础上将无量纲化的数值带入式(1)即可测得各省区物流产业生态位适宜度值,并对31省区进行排序。在设定不适宜($0 \leq F_i \leq 0.4$)、低度适宜($0.4 < F_i \leq 0.5$)、适宜($0.5 < F_i \leq 0.6$)、中等适宜($0.6 < F_i \leq 0.8$)和高度适宜($0.8 < F_i \leq 1.0$)等五个层级的情景下,进一步对31省区物流产业生态位适宜程度加以评价(见表4.15)。

表 4.15　各省区物流产业生态位适宜度及耦合协调评价

年度	十一五							十二五							总体生态位适宜度均值	评价结果
	2006	2007	2008	2009	2010	C	D	2011	2012	2013	2014	2015	C	D		
北京	0.443(20)	0.435(24)	0.422(23)	0.447(22)	0.423(26)	0.853(28)	0.648(22)	0.430(26)	0.423(27)	0.439(23)	0.453(21)	0.461(18)	0.863(28)	0.654(20)	0.438(23)	低度适宜
天津	0.423(25)	0.424(26)	0.413(24)	0.435(24)	0.423(25)	0.899(23)	0.639(25)	0.430(25)	0.427(26)	0.388(27)	0.395(27)	0.384(27)	0.939(16)	0.617(27)	0.414(26)	低度适宜
河北	0.645(2)	0.646(2)	0.638(3)	0.634(4)	0.672(1)	0.981(9)	0.789(2)	0.672(1)	0.634(4)	0.585(6)	0.624(4)	0.630(3)	0.946(15)	0.739(5)	0.638(3)	中等适宜
山西	0.469(15)	0.506(11)	0.512(11)	0.484(17)	0.516(12)	0.983(8)	0.698(13)	0.503(15)	0.492(17)	0.451(21)	0.469(18)	0.447(19)	0.971(6)	0.665(17)	0.485(16)	低度适宜
内蒙古	0.449(18)	0.518(10)	0.469(17)	0.514(12)	0.485(15)	0.987(4)	0.706(11)	0.503(14)	0.507(15)	0.474(15)	0.496(15)	0.491(14)	0.961(8)	0.689(12)	0.491(13)	低度适宜
辽宁	0.625(3)	0.664(1)	0.645(2)	0.663(2)	0.649(3)	0.991(3)	0.808(1)	0.653(3)	0.669(2)	0.633(3)	0.638(3)	0.619(4)	0.999(1)	0.783(2)	0.646(2)	中等适宜
吉林	0.452(17)	0.463(17)	0.468(18)	0.486(16)	0.476(19)	0.967(11)	0.677(18)	0.469(18)	0.468(18)	0.440(22)	0.446(23)	0.445(20)	0.961(9)	0.639(24)	0.461(20)	低度适宜
黑龙江	0.505(10)	0.493(12)	0.479(13)	0.493(15)	0.504(13)	0.966(12)	0.699(12)	0.515(13)	0.499(16)	0.467(16)	0.467(19)	0.467(17)	0.914(20)	0.651(22)	0.489(14)	低度适宜
上海	0.486(12)	0.480(15)	0.470(16)	0.494(14)	0.469(20)	0.947(16)	0.723(8)	0.457(20)	0.458(19)	0.466(17)	0.438(24)	0.413(25)	0.871(26)	0.676(14)	0.463(19)	低度适宜

续表

年度	十一五							十二五							总体生态位适宜度均值	评价结果
	2006	2007	2008	2009	2010	C	D	2011	2012	2013	2014	2015	C	D		
江苏	0.577(6)	0.584(6)	0.575(8)	0.600(6)	0.579(6)	0.871(27)	0.698(14)	0.577(6)	0.589(6)	0.555(8)	0.554(9)	0.553(9)	0.839(27)	0.668(15)	0.574(6)	适宜
浙江	0.601(4)	0.614(5)	0.611(4)	0.659(3)	0.643(6)	0.921(19)	0.754(5)	0.648(4)	0.660(3)	0.636(2)	0.639(2)	0.664(2)	0.949(14)	0.769(3)	0.638(4)	适宜
安徽	0.442(22)	0.464(16)	0.458(20)	0.507(13)	0.492(14)	0.985(7)	0.682(16)	0.498(10)	0.511(13)	0.535(11)	0.500(16)	0.537(10)	0.952(13)	0.710(9)	0.494(12)	低度适宜
福建	0.476(13)	0.485(13)	0.513(10)	0.537(10)	0.554(9)	0.993(1)	0.718(10)	0.552(9)	0.567(8)	0.545(11)	0.527(13)	0.553(8)	0.931(17)	0.679(13)	0.531(10)	中等适宜
江西	0.490(11)	0.455(19)	0.473(15)	0.471(20)	0.477(18)	0.992(2)	0.667(20)	0.451(16)	0.454(20)	0.451(19)	0.473(17)	0.473(16)	0.989(3)	0.658(19)	0.467(18)	低度适宜
山东	0.599(5)	0.616(4)	0.589(6)	0.613(5)	0.583(5)	0.974(10)	0.762(4)	0.587(5)	0.589(5)	0.589(4)	0.603(5)	0.593(6)	0.959(11)	0.747(4)	0.596(5)	适宜
河南	0.645(1)	0.646(3)	0.697(1)	0.669(1)	0.664(2)	0.944(17)	0.780(3)	0.672(2)	0.700(1)	0.673(1)	0.661(1)	0.679(1)	0.979(4)	0.787(1)	0.671(1)	适宜
湖北	0.521(9)	0.562(7)	0.601(5)	0.581(8)	0.572(7)	0.950(15)	0.729(7)	0.574(7)	0.560(10)	0.586(5)	0.582(6)	0.589(7)	0.973(5)	0.726(6)	0.573(7)	适宜
湖南	0.528(8)	0.554(8)	0.583(7)	0.599(7)	0.561(8)	0.955(14)	0.720(9)	0.572(8)	0.569(7)	0.576(7)	0.582(7)	0.595(5)	0.955(12)	0.711(8)	0.572(8)	适宜

续表

年度	2006	2007	2008	2009	2010	十一五		2011	2012	2013	2014	2015	十二五		总体生态适宜度均值	评价结果
						C	D						C	D		
广东	0.459 (16)	0.482 (14)	0.477 (14)	0.536 (11)	0.527 (11)	0.802 (30)	0.595 (29)	0.531 (11)	0.555 (11)	0.545 (10)	0.519 (11)	0.496 (13)	0.876 (25)	0.637 (25)	0.513 (11)	适宜
广西	0.442 (21)	0.447 (22)	0.493 (12)	0.475 (19)	0.479 (17)	0.934 (18)	0.688 (15)	0.527 (12)	0.533 (12)	0.481 (13)	0.502 (12)	0.489 (15)	0.923 (19)	0.705 (10)	0.487 (15)	低度适宜
海南	0.354 (29)	0.341 (30)	0.369 (29)	0.359 (30)	0.331 (30)	0.809 (29)	0.569 (30)	0.349 (30)	0.367 (30)	0.354 (30)	0.362 (30)	0.346 (30)	0.808 (30)	0.573 (30)	0.353 (30)	不适宜
重庆	0.430 (24)	0.442 (23)	0.441 (21)	0.458 (21)	0.466 (21)	0.919 (20)	0.675 (19)	0.446 (24)	0.433 (23)	0.432 (24)	0.453 (20)	0.442 (22)	0.928 (18)	0.664 (18)	0.444 (22)	低度适宜
四川	0.559 (7)	0.526 (9)	0.556 (9)	0.537 (9)	0.533 (10)	0.986 (5)	0.748 (6)	0.566 (9)	0.564 (9)	0.521 (12)	0.533 (9)	0.527 (11)	0.996 (2)	0.714 (7)	0.542 (9)	适宜
贵州	0.388 (27)	0.430 (25)	0.422 (22)	0.413 (26)	0.419 (27)	0.917 (21)	0.643 (24)	0.463 (19)	0.431 (24)	0.419 (25)	0.436 (25)	0.421 (24)	0.826 (29)	0.641 (23)	0.424 (25)	低度适宜
云南	0.435 (23)	0.448 (21)	0.410 (25)	0.443 (23)	0.457 (22)	0.963 (13)	0.662 (21)	0.452 (22)	0.449 (22)	0.458 (18)	0.479 (16)	0.442 (21)	0.959 (10)	0.668 (16)	0.447 (21)	低度适宜
西藏	0.319 (31)	0.338 (31)	0.312 (31)	0.342 (31)	0.324 (31)	0.789 (31)	0.553 (31)	0.342 (31)	0.332 (31)	0.347 (31)	0.358 (31)	0.311 (31)	0.764 (31)	0.558 (31)	0.333 (31)	不适宜
陕西	0.471 (14)	0.461 (18)	0.465 (19)	0.479 (18)	0.481 (16)	0.986 (6)	0.681 (17)	0.497 (17)	0.510 (14)	0.474 (14)	0.497 (14)	0.497 (12)	0.966 (7)	0.690 (11)	0.483 (17)	低度适宜

续表

年度	十一五							十二五							总体生态适宜度均值	评价结果
	2006	2007	2008	2009	2010	C	D	2011	2012	2013	2014	2015	C	D		
甘肃	0.446 (19)	0.403 (27)	0.386 (27)	0.399 (27)	0.439 (23)	0.889 (24)	0.638 (26)	0.421 (27)	0.427 (25)	0.407 (26)	0.404 (26)	0.403 (26)	0.913 (21)	0.636 (26)	0.413 (27)	低度适宜
青海	0.349 (30)	0.352 (29)	0.356 (30)	0.390 (28)	0.362 (29)	0.911 (22)	0.614 (27)	0.377 (27)	0.392 (25)	0.356 (26)	0.369 (26)	0.380 (26)	0.901 (22)	0.587 (26)	0.368 (27)	不适宜
宁夏	0.374 (28)	0.366 (28)	0.383 (28)	0.376 (29)	0.369 (28)	0.873 (26)	0.611 (28)	0.387 (29)	0.376 (28)	0.359 (29)	0.373 (29)	0.381 (29)	0.879 (22)	0.598 (29)	0.374 (29)	不适宜
新疆	0.419 (26)	0.448 (20)	0.408 (26)	0.417 (25)	0.429 (24)	0.878 (25)	0.648 (23)	0.454 (21)	0.449 (21)	0.451 (20)	0.449 (22)	0.425 (23)	0.877 (24)	0.652 (21)	0.435 (24)	低度适宜

注：C，D 分别为地区耦合度、协调度；表中上部分数值为各省区物流产业生态位适宜度、耦合度或协调度，下部分括号内数值为相应排名。

据表 4.15 的测算结果,2006—2015 年间各省区物流产业生态位适宜度值相对稳定,"十一五"与"十二五"期间没有呈显著差异,但各省区相对自身而言仍有细微变化。北京、内蒙古、浙江、安徽、福建、湖南、广西、贵州、云南、陕西、新疆等 11 省区呈改善趋势,天津、山西、吉林、黑龙江、上海、江西等 6 省区呈恶化趋势,河北、辽宁等 14 省区基本没有变化;从层级划分看,各省区物流产业适宜度值处于 0.333 ~ 0.671,都在中等适宜等级之下,总体评价结果不理想。其中,只有河北、辽宁、浙江和河南 4 省为中等适宜地区,江苏、安徽、山东、湖北、湖南、广东、四川等 7 省属适宜地区,北京、天津、内蒙古、辽宁等 16 省区为低度适宜地区,而西藏、海南、青海、宁夏等 4 省区属不适宜地区,物流产业生态位适宜度值处于低水平;从排名看,2006—2015 年间除广西、广东、云南、贵州 4 省区略有上升,上海、吉林略有下降外,其余各省区名次相对稳定。值得关注的是,河南、河北、浙江、山东、江苏等 6 省区物流产业生态位适宜度值在两个五年规划时期都高居榜首,支撑着区域产业结构的调整及优化,这也是 6 省区经济增长较快的重要原因;而多数省区物流产业生态位适宜度较低,其生态因子间的配置及科学定位不合理,导致对其他产业服务及引领作用较弱、运行效率较低,进而成为抑制其经济发展的重要瓶颈。

4.2.3 物流产业生态位适宜耦合度分析

本节欲借力物理学中的容量耦合系数模型(陈端吕等,2013),测算并分析物流产业环境、市场、资源三维生态位耦合度及协调度,以耦合度体现物流产业生态位构建中环境、市场和资源的互动作用,以协调度来反映三者对物流产业生态位构建中的整体"功效"与"协同"效应,进而从更深层次探究影响物流产业生态位适宜度的潜在因素。由于本节将物流产业生态位从环境、资源和市场三维层面展开探究,需构建三维生态位耦合度模型及协调度函数:

$$C_i = \left[\frac{3(U_{i1}U_{i2} + U_{i1}U_{i3} + U_{i2}U_{i3})}{U_{i1} + U_{i2} + U_{i3}}\right]^k \quad (\text{i}=1, 2, \ldots, \text{m}; 2 \leq k \leq 5) \quad (13)$$

$$D_i = \sqrt{C_i \times T_i}\, (i = 1, 2, ..., m) \quad (14)$$

$$T_i = \alpha_1 U_{i1} + \alpha_2 U_{i2} + \alpha_3 U_{i3}\, (i = 1, 2, ..., m) \quad (15)$$

式中，C_i 为第 i 个地区耦合度，其值越大表明物流产业生态位构建中环境、市场和资源三维生态因子间的相互作用越强，并将其划分为低水平耦合阶段（$0 \leq C_i < 0.3$）、拮抗阶段（$0.3 \leq C_i < 0.7$）、良性耦合阶段（$0.7 \leq C_i < 0.9$）和高水平耦合阶段（$0.9 \leq C_i \leq 1.0$）；U_{i1}、U_{i2}、U_{i3} 分别表示第 i 个地区物流产业环境生态位、市场生态位和资源生态位的适宜度，本节采用每 5 年期均值数据分别测算出"十一五""十二五"时期第 i 个地区的 U_{i1}、U_{i2} 和 U_{i3}；D_i 为第 i 个地区协调度，其值越大表明物流产业生态位构建中环境、市场和资源三维生态因子的整体"功效"和"协同"效应越强，同时划分为低度协调耦合（$0 \leq D_i < 0.5$）、中度协调耦合（$0.5 \leq D_i < 0.6$）、高度协调耦合（$0.6 < D_i \leq 0.8$）和极度协调耦合（$0.8 < D_i \leq 1.0$）四个等级；T_i 为第 i 个地区生态经济综合调和指数，反映物流产业生态位构建中环境、市场和资源三维生态因子的整体协同效应或贡献；α_1、α_2 和 α_3 为参数，分别表示物流产业环境生态位、市场生态位和资源生态位所占权重，本节根据物流产业生态位构建特点，假定三者等同重要，则令 $\alpha_1 = \alpha_2 = \alpha_3 = 1/3$；$k$ 为指数，基于物流产业多维生态位相互间 C、D 值分布及协调发展原则（杨士弘，1994），本节取 $k=5$。根据上述公式及参数假定，本节测算出 31 省区物流产业生态位构建中三维生态因子的耦合度与协调度，并加以排序（见表 4.15）。

从测算结果看，各省区物流产业三维生态位之间的耦合度较高，处于 0.764 ~ 0.999，而协调度相对的低，在 0.553 ~ 0.808 范围之内，单从数值看，"十一五"与"十二五"期间两指标都相对稳定，除海南、西藏、青海等 3 省区的耦合度、协调度相对较低外，其余省区都处于良性耦合、高度协调水平之上。通过进一步分析我们发现，物流产业生态位适宜度与三维生态位耦合、协调度密切相关，除广东物流产业生态位适宜度高，耦合、协调度低外，其余省区都遵循：物流产业三维生态位之间耦合、协调度越高,其生态位适宜度值也越大,进而揭示物流产业生态位系统内部各因子之间匹配、协同程度对其生态位适宜度产生重要影响。

第

5

章

北部湾物流产业生态经济系统发展模式与ＳＷＯＴ分析

5.1 多重机遇叠加下广西生态经济系统可持续发展情景模拟

随着北部湾经济区和珠江—西江经济带发展规划相继被国家批复，以及西部大开发持续推进、中国—东盟自由贸易区升级打造和"一带一路"建设全面启动，目前广西已成为重要国际区域经济合作区，可谓面临千载难逢的多重机遇叠加以及由此形成的综合政策利好局面。然而，近年来虽然广西经济建设发展迅猛，但区域内人口快速增加、大批临海重化工业项目的建设建成以及商贸物流业的快速发展，造成了山林被毁、海水污染、水土大面积流失，使本来就脆弱的生态环境更加恶化，广西区内生态环境的保护压力巨大。因此，在广西面临经济增长多重机遇叠加的背景下，本章试图分析广西经济系统与生态系统的关联性，在利用生态经济学的能值分析法测度其不同年份能量流动指标的基础上，以情景模拟的方式，模拟四种情景下能源消耗模式给广西可持续发展所带来的压力，以期寻找到适合广西经济可持续发展的模式。

5.1.1 广西区域生态经济系统能值流量测度与评价

根据《广西统计年鉴》《中国统计年鉴》等收集广西 2004—2014 年的数据资料，参考《能值分析手册》和《生态经济系统能值分析》，测算出期间各年度广西生态经济系统的主要能量流、物质流和经济流，并利用能值转换率将不同度量单位的生态流转换为统一的能值单位（sej），形成广西经济生态系统能值流量测算表，进而可以动态评价这 11 年间广西生态经济系统的能值流状况。

2004—2014 年广西经济生态系统各类资源能值变化呈现不同特征（见表 5.1），从流量情况看，2004 年广西系统能值为 2.28×10^{23} sej，

2014 年达到 5.90×10^{23}sej，11 年增长了 159.17%，由此反映了广西在西部大开发、中国—东盟自贸区建设等国家级规划战略的实施下，其所拥有的可供支配能值财富迅速增加。其中，可更新资源在 11 年中的变化不大，基本维持在 0.39×10^{23}sej ~ 0.50×10^{23}sej 的水平上；可更新资源产品能值流量有所上升，从 2004 年的 0.66×10^{23}sej 上升到 2014 年的 1.00×10^{23}sej；不可更新资源能值流上升趋势明显，11 年间上升了 260.56%，2014 年达到 3.72×10^{23}sej。从不同类型资源能值占能值消耗总量比例看：可更新资源能值所占比例呈持续下降趋势，2004 年比例为 21.59%，2014 年下降为 7.71%，年均下降 1.4 个百分点；可更新资源产品能值所占比例 2004 年为 29.22%，到 2014 年仅为 17.04%，11 年间下降了 12 个百分点；而不可更新资源的能值所占比例呈明显上升趋势，2004 年由于不可更新资源尚未进行大规模开发，其比重为 45.31%，2014 年上升为 63.03%，11 年间提升了约 18 个百分点，尤其在《广西北部湾经济区发展规划》自 2008 年上升为国家发展规划的前 3 年，即 2008、2009 和 2010 年这 3 年，不可更新资源能值所占比例分别为 53.34%、55.30% 和 60.63%，呈现大幅度上升趋势，由此表明广西生态经济系统发展仍然以消耗不可更新化石燃料和矿物物质为基础（见图 5.1 ）。

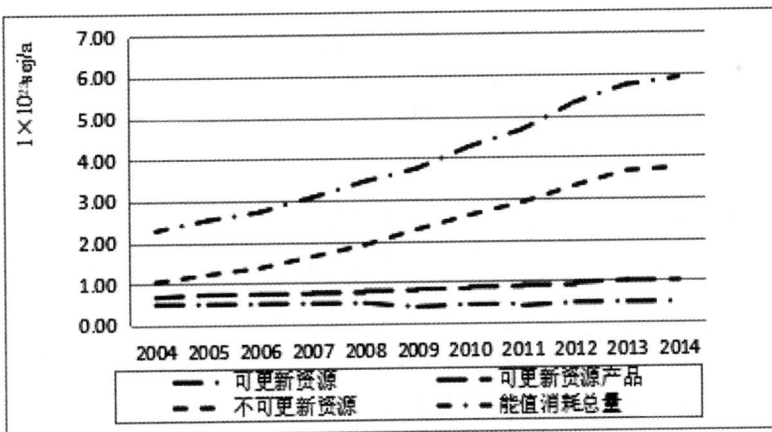

图 5.1　广西可更新资源、不可更新资源能值及能值消耗总量动态变化

表 5.1 2004—2014 年广西经济生态系统能值流量测算

项目及单位		2004年	2005年	2006年	2007年	2008年	2009年	2010年	2011年	2012年	2013年	2014年
可更新资源 /10^{23} sej		0.49	0.49	0.49	0.49	0.49	0.39	0.44	0.39	0.46	0.46	0.45
可更新资源产品 /10^{23} sej		0.66	0.72	0.73	0.75	0.78	0.82	0.85	0.89	0.93	0.99	1.00
不可更新资源 /10^{23} sej		1.03	1.21	1.36	1.63	1.90	2.26	2.60	2.90	3.29	3.64	3.72
货币流	进口总额及入境旅游收入 /10^{22} sej	0.88	1.08	1.42	1.91	2.63	2.64	3.62	4.84	6.19	6.35	7.21
	出口总额 /10^{21} sej	0.46	0.55	0.69	0.98	1.40	1.60	1.83	2.38	2.95	3.57	4.65
废弃物 /10^{22} sej		1.22	1.42	1.35	1.68	1.79	1.61	1.65	1.27	1.39	1.34	1.36
能值总量 /10^{23} sej		2.28	2.53	2.72	3.06	3.44	3.73	4.25	4.66	5.30	5.72	5.90

注：数据来源于 2005—2015 年的《广西统计年鉴》《中国环境年鉴》《中国水土保持公报》《中国能源统计年鉴》。

5.1.2 广西区域生态经济系统能值利用情景预测模型的构建与检验

5.1.2.1 广西区域生态经济系统能值利用情景预测模型的构建

2004—2014 年广西区域经济生态系统对可更新资源能值利用变化不大,其变化主要来自不可更新资源能值:化石能源能值(主要是煤、石油和天然气)和非化石资源能值。由于电力与钢材、水泥、氮肥等其他非化石资源存在量纲上的差异,且电力的作用尤为突出,因此在对广西经济生态系统不可更新资源能值的模拟过程中,我们再将非化石资源细分为两部分:非化石非电力资源(主要包括钢材、水泥、氮肥、磷肥、钾肥、复合肥、农药、塑料薄膜等)与电力资源,据此化石能源、非化石非电力资源与电力资源三者的消费量是引起广西不可更新资源能值变化的主要原因。根据广西 2004—2014 年的时间序列数据,运用多元回归分析可构建区域不可更新资源能值预测模型为:

$$Y = \alpha F + \beta NF + \gamma P + c \qquad (1)$$

式中,Y 为不可更新资源能值(1×10^{20}sej/a),F、NF 分别为化石能源和非化石非电力资源消费量(万吨),P 为电力消耗量(亿千瓦时),α、β、γ 为待定回归系数,c 为常数项。

利用广西不可更新资源能值利用与化石能源、非化石非电力资源和电力消费量进行回归分析,得出 $\alpha = -0.071$、$\beta = 0.195$、$\gamma = 0.645$ 的回归方程如下:

$$Y = -0.071F + 0.195NF + 0.645P + 142.64 \qquad (2)$$

该方程拟合程度 R_2 为 1,检验值 F 为 46 522.94,具有较好的拟合优度和理论一致性(见表 5.2)

表 5.2　广西不可更新资源能值 Y 与 F、NF、P 间的回归系数

模型	非标准化系数		标准系数	t	Sig.
	B	标准误差	试用版		
(常量)	142.64	9.40		15.17	0
F	−0.07	0.06	−0.01	−1.23	0.26
NF	0.19	0	0.80	58.78	0
P	0.65	0.03	0.22	20.32	0

注:B 为回归系数,t 为统计量,$Sig.$ 是 p 值。

5.1.2.2 广西区域生态经济系统能值利用情景预测模型的检验

为检验该模型的预测精度,在 95% 的置信区间内应用所建模型对
2004—2014 年广西不可更新资源能值进行预测,并就预测值与实际值
进行比较(表 5.3):预测的相对误差在 [-0.55%, -0.92%],平均误差仅
为 0.02%,而且不可更新资源实际计算值与其预测值的相关系数 R_2=1
(n=11),在 0.01 水平上达到极显著水平。因此,该模型对广西不可更新
资源的预测有较好的精确度,可以用于该地区未来年份的预测分析。

表 5.3　2004—2014 年广西区域生态经济系统不可更新资源预测检验

年份	真实值 /1×10^{20}sej	预测值 /1×10^{20}sej	相对误差 /%
2004	1031	1033	0.25
2005	1207	1201	−0.55
2006	1357	1357	−0.06
2007	1634	1649	0.92
2008	1899	1899	−0.01
2009	2265	2257	−0.34
2010	2599	2598	−0.03
2011	2897	2890	−0.22
2012	3288	3293	0.16
2013	3639	3635	−0.11
2014	3717	3724	0.21

5.1.3 广西区域生态经济系统能值利用的情景设计与预测分析

5.1.3.1 广西区域生态经济系统能值利用的情景设计

本文选用化石能源消费量(F)、非化石非电力资源消费量(NF)、电
力资源消费量(P)3 个变量,并以 h、l 分别表示高、低两种发展前景,构
建广西区域生态经济系统未来发展的 4 种(N1、N2、N3、N4)情景方案,
以分析不可更新资源对广西经济生态系统的影响。

情景一(F_h+NF_h+P_h):以 2004—2014 年广西不可更新资源能值的
时间序列为依据,假定化石能源、非化石非电力资源、电力资源均维持

以往发展趋势,即三者年均增长分别为 16.55%、15.68% 和 13.57%。

情景二($F_l+NF_l+P_l$):假定化石与非化石资源消费量均按"十三五"规划要求发展。《广西壮族自治区国民经济和社会发展第十三个五年规划纲要》中指出"十三五"时期要实现广西地区生产总值年均增长 7.5% 以上,比 2010 年翻一番以上,单位生产总值能值消耗降低按照国家下达的指标执行,而根据国家发改委发布"十三五"规划纲要,"十三五"时期单位 GDP 能源消耗累计降低 15%,因此广西单位 GDP 能耗应降低 15%。由此可以计算得出"十三五"规划要求广西 GDP 年均增长率应保持在 7.5% 以上,化石能源消费量年均增速应低于 4.07%,同时结合广西不可更新资源能值利用的回归方程(2),可以假定 2016—2020 年非化石资源消费量年均增速应低于 4.20%。

情景三($F_h+NF_l+P_l$):2016—2020 年化石能源消费量年均增长 16.55%,非化石资源消费量年均消费量增长 4.20%。

情景四($F_l+NF_h+P_h$):2016—2020 年化石能源消费量年均增长 4.07%,非化石非电力资源消费量年均增长 15.68%、电力资源消费量年均增长 13.57%。

5.1.3.2 广西区域生态经济系统不可更新资源能值利用的预测结果与分析

依据所设定的四种情景方案和预测模型,计算得到 2016—2020 年广西不可更新资源能值利用在不同情景方案下的各种预测结果及变化情况,如表 5.4 所示。

表 5.4　广西区域生态经济系统四种情景下不可更新资源能值利用预测值

情景类型		增长率	2016 年	2017 年	2018 年	2019 年	2020 年
情景一	F_h	16.55%	936	1091	1271	1481	1726
	NF_h	15.68%	19116	22113	25581	29592	34231
	P_h	13.57%	1689	1919	2179	2475	2811
	N_1	14.80%	4894	5615	6446	7404	8508
情景二	F_l	4.07%	835	869	905	942	980
	NF_l	4.20%	17218	17942	18695	19480	20298
	P_l	4.20%	1550	1615	1683	1754	1827
	N_2	4.07%	4441	4622	4810	5006	5209

情景类型		增长率	2016 年	2017 年	2018 年	2019 年	2020 年
情景三	F_h	16.55%	936	1091	1271	1481	1726
	NF_l	4.20%	15510	16161	16840	17547	18284
	P_l	4.20%	1423	1482	1544	1609	1676
	N_3	3.87%	4018	4173	4332	4497	4667
情景四	F_l	4.07%	746	776	808	841	875
	NF_h	15.68%	19116	22113	25581	29591	34231
	P_h	13.57%	1689	1919	2179	2475	2811
	N_4	14.94%	4907	5637	6479	7449	8569

注：表中，F、NF 单位为万吨，P 单位为亿千瓦时，N_i 单位为 1×10^{20} sej（$i=1,2,3,4$）。

①在情景一下，高增长的化石能源和非化石资源消费量使得其不可更新资源能值增长较快，2016—2020 年年均增长率达 14.80%。而在情景二下，不可更新资源能值利用程度相对较低，年均增长率仅为 4.07%。情景三与情景四分别设定化石能源或资源维持现状趋势或按规划目标，不可更新资源能值增速分别接近于情景二和情景一之间，分别为 3.87% 和 14.94%。

②将现行发展水平同"十三五"规划要求的发展水平进行比较分析，针对 2020 年，规划要求下的情景二的化石能源消费量、非化石非电力资源消费量、电力消费量和不可更新资源能值要分别比情景一的预测结果减少 43.24%、40.70%、34.98% 和 38.77%，两种情景对不可更新资源能值的利用增长相差较大。若按照情景二的"十三五"规划的要求发展，广西经济发展水平将得到提高，而不可更新资源也将会合理地被开发利用，同时环境压力也会随之变缓，生态经济系统运行的不稳定性与风险性也将会显著下降。

③综合来看，对广西生态经济系统未来能值变化的情景选择，这里更倾向于情景二，即低化石能源消费量及低资源消费量的能源消耗模式，但是如果单位能耗的控制目标实施不尽理想，那么能值增长甚至会高于情景二的预测。

5.1.4 不同情景下广西经济生态系统可持续发展分析

由于在 2004—2014 年广西可再生资源及产品的消费量保持基本稳定,我们假定 2016—2020 年仍然保持这种趋势,即每年消费能值为 1.30E+23sej/a,而进出口总额及入境旅游收入根据《广西壮族自治区国民经济和社会发展第十三个五年规划纲要》中指出"十三五"时期要实现广西进出口总额年均增长 12% 以上的要求,我们假定 2016—2020 年进口总额及入境旅游收入年均增长率为 12%。在此基础上,通过测算广西净能值产出率、环境负载率和可持续发展指数等指标分析不同情景下广西经济生态系统的可持续发展问题。

在情景一下,2016—2020 年广西净能值产出率相对稳定,基本维持在 7.83 ~ 7.90,环境负载率波动幅度较大,由 2016 年的 4.46 持续上升为 2020 年的 7.63,上升幅度达 71.29%,广西可持续发展指数(ESI)在 1.76 ~ 1.03 持续向下波动。

在情景二下,2016—2020 年广西净能值产出率呈持续下降趋势,由 2016 年的 7.35 下降到 2020 年的 5.58,幅度为 24.14%,环境负载率波动幅度与情景一相比相对较小,由 2016 年的 4.11 持续上升为 2020 年的 5.10,上升幅度为 24.07%,ESI 与情景一相比,变化趋势基本相同,在 1.79 ~ 1.09 持续向下波动。

在情景三下,2016—2020 年广西净能值产出率与情景二基本相似,呈持续下降趋势,由 2016 年的 6.88 下降到 2020 年的 5.20,幅度为 24.53%,环境负载率波动幅度与情景二基本相似,由 2016 年的 3.78 持续上升为 2020 年的 4.68,波动幅度仅为 23.72%,ESI 与前两种情景变化趋势基本相同,在 1.82 ~ 1.11 持续向下波动。

在情景四下,2016—2020 年广西净能值产出率与情景一基本相似,相对稳定,基本维持在 7.85 ~ 7.94,环境负载率波动幅度与情景一基本相似,由 2016 年的 4.47 持续上升为 2020 年的 7.68,波动幅度达到 71.93%,ESI 与前三种情景变化趋势基本相同,在 1.76 ~ 1.03 持续向下波动。

在四种不同情景模拟下,广西可持续发展指数变化趋势基本相同,其值都介于 1 ~ 10,但 ESI 数值仍在不断下降,都反映了广西经济结构急需进一步优化与调整。另外,4 种模拟情景下,产生的 ESI 非常相似,但广西经济生态系统的实际变化的内在结构却存在很大差异。从环境负荷率指标看,情景一与情景四相比情景二与情景三,数值较大且增长速度很快,反映在这两种情景下,依靠消费大量的不可更新资源,可拉动经济的增长,但广西承受环境压力较大,难以脱离传统经济增长的范式(见表 5.5)。

表 5.5 2016—2020 年不同情景下对广西可持续发展影响

	指标名称	2016 年	2017 年	2018 年	2019 年	2020 年
情景一	净能值产出率 /%	7.85	7.83	7.83	7.85	7.90
	环境负载率 /%	4.46	5.09	5.83	6.67	7.63
	ESI	1.76	1.54	1.34	1.18	1.03
情景二	净能值产出率 /%	7.35	6.85	6.39	5.97	5.58
	环境负载率 /%	4.11	4.33	4.57	4.82	5.10
	ESI	1.79	1.58	1.40	1.24	1.09
情景三	净能值产出率 /%	6.88	6.41	5.97	5.57	5.20
	环境负载率 /%	3.78	3.99	4.20	4.43	4.68
	ESI	1.82	1.61	1.42	1.26	1.11
情景四	净能值产出率 /%	7.87	7.85	7.86	7.89	7.94
	环境负载率 /%	4.47	5.11	5.85	6.70	7.68
	ESI	1.76	1.54	1.34	1.18	1.03

5.2 广西北部湾生态经济系统发展 SWOT 分析

广西北部湾经济区位于我国华南经济圈、西南经济圈与东盟经济圈的交汇处,南面临近北部湾地区,西面紧靠西南地区,东面与珠三角区域相邻,又与东南亚隔海相望,同时经济区的西南区域与越南相连,是我国西部唯一的同时沿海和沿边地区,目前是我国对外开放、走向东盟和世界的重要前沿门户,因此,广西北部湾经济区在广西发展生态经济系统中具有明显的战略地位和突出的区位优势。广西北部湾经济区是由南宁市、北海市、钦州市、防城港市、玉林市、崇左市所辖行政区域范围,根据《广西北部湾经济区发展规划(2014 年修订)》,其土地面积 4.25 万平方公里,海岸线长 1595 公里。至 2020 年 11 月,广西北部湾经济区常住人口为 1494.31 万人,是我国海洋与陆地分界线上最后一块待开发的地区。近年来,我国中央政府与广西地方政府高度重视广西北部湾经济区的开放开发,已制定一系列国家战略,从实践层面用以发展广西北部湾经济区。在世界各国倡导环境保护、加快节能减排、发展循环经济和生态工业等绿色发展思潮的影响下,北部湾生态经济系统的可持续发展已经成为北部湾经济区经济高质量发展的主要内容,同时也是北部湾经济区发展新型工业,实现经济高质量发展的最佳选择。本书将借助 SWOT 分析法,从北部湾经济区的优势、劣势、机会和威胁四方面,分析北部湾经济区生态经济系统的发展,对促进北部湾经济区生态经济系统的可持续发展以及制定相关发展战略具有极其重要的意义。

5.2.1 优势

5.2.1.1 自然生态环境优良

广西北部湾经济区地处亚热带,赤道附近,属亚热带季风气候区,全区常年季节变化不明显,气候温暖,热量丰富,雨水充沛,干湿分明,日照适中,具有天然丰富的生态资源优势。由于北部湾地区适宜的气候,从而使其拥有丰富的原生态森林资源,被人们誉为天然氧吧。同时形成以壮族为主的原生态少数民族群体,具有丰富的生态旅游资源。此外,北部湾经济区拥有多种多样的绿色农产品,如"植物界大熊猫"金花茶、"大耗之乡"生蚝、色泽光润的肉桂以及奶水牛之乡等。最重要的是,位于北部湾沿海地区的钦州、北海、防城港三市的海域环境质量总体较好,是我国的黄金海岸线之一,综合环境质量排名全国前列。

5.2.1.2 生态经济基础良好

近几年北部湾经济区发展迅速,取得一系列成就。首先,经济区基础设施不断提高并逐渐完善,北部湾港吞吐力稳步提升,经济区后发优势日益增强。2019 年,北部湾经济区实现地区生产总值 10305.12 亿元,约占全区的48.52%;规模以上工业总产值达12548.45亿元(见表5.6),人均生产总值达48332.51万元,进出口总额3984.64亿元。其次,目前发展生态经济的潜力巨大且成本较低。北部湾经济区开发较晚,工业化发展亦处于初步阶段,因此经济区具有明显的后发优势。一是经济区自然资源丰富,资源开发程度低,使得经济发展成本较低,同时发展的空间较大、效益较高。二是借助现代科学技术能够显著提升资源的利用率,降低资源消耗率,潜力巨大。三是影响国家的号召,积极推进环境保护、节能减排等绿色发展工作,取得明显的成绩。此外,经济区拥有丰富的配套资源且优势明显。南宁市既是广西壮族自治区的首府,又是北部湾经济区的核心城市,农业、旅游文化、矿产等资源丰富,天然气、煤炭等能源供应充足,现代工业、现代服务业等产业基础完善,铁路、公路、水运、航运等交通运输方式多样,城市的配套能力较强,辐射带动能力明显;北部湾沿海各城市港口资源丰富,同时也拥有丰富的海洋资源、矿产资源等,环境的容量较大,各地区之间关联程度较高,城市的人口承载力较强。最后,联合国工业发展组织生态工业园区项目以及广西贵港生态工业园的建立为北部湾生态经济系统的可持续发展提供丰富的经验。

表5.6　2015—2019年北部湾经济区地区生产总值

年份	2015	2016	2017	2018	2019
地区生产总值(亿元)	5867.3	6488.8	10007.3	9860.94	10305
占全区比	39.65%	35.6%	49.06%	48%	48.52%

资料来源:2020年广西统计年鉴。

5.2.2 劣势

5.2.2.1 经济基础薄弱

首先,同国内粤港澳大湾区等发达经济地区相比,北部湾地区经济实力一般,区域内工业化水平不高,城镇化水平较低,现代工业体系不够完善,科技产品薄弱,经济制度、经济结构、产业布局等经济要素分散,大型国有企业、骨干企业较少,中心城市带动力不强;其次,虽然近几年北部湾沿海港口发展迅速,但是港口吞吐量规模一般,综合竞争力与国内发达港口相比较弱,集疏运体系不够完善且发展滞后,通江达海的运输路线特别是前往珠三角地区与东盟国家的交通路线不够完善。此外,区域内市场体系不够健全,民营资本动力较低,创业的积极性不高;最后,北部湾区域的生态经济保护措施不健全,生态修复压力较大,等等,这些不足都阻碍了北部湾生态经济系统的发展。

5.2.2.2 资源不足、利用不合理

广西优势矿产资源如锰矿、铝土矿、锡矿和铅锌矿等,均分布在北部湾经济区以外的其他地区,铁矿、煤炭等关键资源产量远远不能满足需求的增长,生态经济系统可持续发展"动力不足";渔业发展不均衡,地方渔业资源开发存在一定程度的过度开发和利用问题。北部湾沿海浅水区与外海深水区渔业总捕捞量形成两极分化,浅水区捕捞总量已超过标准,而深水区的捕捞总量较低,从而造成渔业资源的开发不均衡,渔业资源利用和保护不够充分;沿海港口没有得到科学的使用。港口建设未能充分匹配进港铁路、公路的建设,从而造成江海联运与集装箱和货物运输的发展不均衡;北部湾地区滨海旅游资源未得到充分开发且发展缓慢。由于前几年北部湾地区经济发展水平较低,从而限制了当地滨海旅游产业的发展,如北海市部分区域十分适宜修改滨海浴场,且面积极大,远远超过大连、威海等地区滨海浴场的面积,然而未能得到充分的开发利用,造成每年的游客量远少于大连、青岛等地区游客量。

5.2.2.3 产业发展不充分

北部湾海洋产业发展不充分,主要表现在三个方面:①海洋产业综合实力较弱。目前北部湾地区的海洋产业多以传统为主,且生产水平较低,海洋新兴产业、高科技产业存在不足且发展缓慢,致使北部湾地区传统海洋产业和新兴海洋产业的发展缓慢,所以需要一个明确的中坚产业引领北部湾地区海洋产业综合发展。②海洋产业调整不深入。近年来,钦州市、北海市、防城港市等北部湾地区相关各级政府逐步开展调整各自区域的海洋产业结构,然而调整缓慢,大部分地区仍以海洋传统产业和海洋基础产业为主,海洋高端产业和海洋新兴产业存在不足,海洋第一、二、三产业融合程度不深,协同机制不健全。③海洋产业发展方式不合理、不高效。当前北部湾地区主要以两种形式发展海洋产业,一是利用资源优势,消耗大量资源发展海洋产业;二是使用大量的劳动力

推动海洋产业的发展。但这两种方式效果一般,无法合理高效的利用海洋资源,只是以粗放的形式发展海洋经济,从而高度消耗北部湾海洋资源,人力资源利用率也较低,造成北部湾海洋产业投入和产出不平衡,加大了两者之间的矛盾,阻碍了北部湾海洋经济的可持续发展。这些不足也不同程度为北部湾生态经济系统的可持续发展增加了难度。

5.2.3 机遇

5.2.3.1 国家的支持

党的十八大为北部湾生态经济系统可持续发展提供强大的动力。党的十八大明确提出中国特色社会主义事业总体布局为"五位一体",分别是经济建设、政治建设、文化建设、社会建设、生态文明建设,并指出生态文明建设是基础,同时明确提出必须树立尊重自然、顺应自然、保护自然的生态文明理念,把生态文明放在突出部分,努力建设美丽中国,实现中华民族永续发展,这为北部湾生态经济系统可持续发展提供强大的动力。

5.2.3.2 党和政府的重视

党和政府历来高度重视生态环境的保护,把保护环境定为我国的基本国策,全力推进我国可持续发展的战略。广西各级政府积极响应国家的号召,积极实施环境保护措施。进入"十二五"期间,广西壮族自治区政府提出并确立了"生态立区,绿色崛起"的发展战略,不断加大环境保护,大力发展生态经济,持续开展节能减排工作和力度,同时制定 GDP 能耗下降目标,采取一系列环保措施,实施一系列可持续发展的战略,积极推进生态补偿机制建设。2018 年 3 月,广西壮族自治区政府办公厅印发了《广西壮族自治区人民政府办公厅关于成立自治区生态环境损害赔偿制度改革工作领导小组的通知》,宣布成立广西壮族自治区生态环境厅,一方面迎来积极响应国家环境保护的号召,另一方面用来全面贯彻党中央、自治区党委关于生态环境保护工作的方针政策和决策部署,在履行职责过程中坚持和加强党对生态环境保护工作的集中统一领导。

5.2.3.3 国家战略政策实施

目前,中国正在全力构建以"一带一路"建设为重点,坚持引进来和走出去并重的全面开放的新格局,其中北部湾经济区作为我国经济战略布局的重要地区之一,起着极其重要的作用。一方面,近年来,我国持续推进西部大开发战略,同时推进西部地区高质量发展,积极支持我国东部沿海地区和外资转移到中西部地区,努力推进民族和边疆地区的繁荣发展,鼓励西部地区经济协同合作,促进中西部地区与珠三角等发达地区区域合作,并把北部湾地区定位为西部大开发与中国—东盟合作的重要区域,这些都为北部湾地区的经济高质量发展提供持续的动力。另一方面,国家积极建立和实施一系列合作机制,如开展中国—东盟博览会、泛北部湾合作等,促进北部湾经济区成为中国面向东盟的桥头堡,为北部湾经济区的可持续发展提供强有力的动力。总之,国家的相关政策与战略为北部湾经济区发展生态经济系统提供有利的条件(见表 5.7)。

表 5.7　北部湾地区发展生态经济系统的政策内容

国家战略	时间	相关文件	内容
西部陆海新通道建设	2019 年 8 月	《西部陆海新通道总体规划》	强调西部陆海新通道的建设要朝着绿色化方向发展
	2019 年 11 月	《西部陆海新通道综合交通基础设施建设实施方案(2019—2020 年)》	明确指出要科学统筹西部陆海新通道综合交通基础设施建设与经济社会、土地利用、城镇布局、生态环境等方面规划的衔接,严格落实环境保护与生态空间等要求,多规合一
	2021 年 9 月	《"十四五"推进西部陆海新通道高质量建设实施方案》	形成布局合理、功能完备、衔接高效、绿色安全的基础设施和运行网络
"一带一路"	2015 年 3 月	《推动共建丝绸之路经济带和 21 世纪海上丝绸之路的愿景与行动》	加强生态环境、生物多样性和应对气候变化合作,共建绿色丝绸之路;严格保护生物多样性和生态环境;广泛开展教育医疗、减贫开发、生物多样性和生态环保等各类公益慈善活动

续表

国家战略	时间	相关文件	内容
	2017 年 5 月	《关于推进绿色"一带一路"建设的指导意见》	指导意见从加强交流和宣传、保障投资活动生态环境安全、搭建绿色合作平台、完善政策措施、发挥地方优势等方面作出了详细安排
	2017 年 5 月	《"一带一路"生态环境保护合作规划》	旨在加强生态环保合作,发挥生态环保在"一带一路"建设中的服务、支撑和保障作用,共建绿色"一带一路"
中国—东盟自贸区建设	2010 年 1 月 1 日		旨在推进泛北部湾地区的合作进入快速和谐发展的新阶段。在基础设施建设、新能源、工业、农业、旅游、文化教育、金融、物流、救灾救援等方面的合作不断拓展和推进,为多方生态合作和生态文明共享注入新活力
交通强国	2019 年 9 月	《交通强国建设纲要》	旨在强化交通生态环境保护修复;建设绿色交通廊道
	2020 年 8 月	《交通强国建设广西壮族自治区试点任务要点》	北部湾地区与北部湾港的建设作为打造交通强国的重点内容,为北部湾发展生态经济系统提供政策支持

5.2.4 威胁

5.2.4.1 产业发展不合理

清醒认识和正确对待当前北部湾地区面临的威胁是北部湾地区生态经济系统可持续发展的必然要求。钦州市、北海市、防城港市是北部湾经济区三大沿海港口城市,城市布局存在类似,如产业发展布局重复、产业发展方向混乱等,造成城市间竞争加剧,减缓了北部湾生态经济系统的可持续发展进程。

5.2.4.2 经济区处于重化工发展阶段

从美国、英国等工业国的发展经验得出,化工业发展迅速时期,也是

能源极度消耗增高和环境污染加剧时期。近年来,广西将石油化工列入
重点支持产业,并逐步发展钢铁、林浆纸、修造船等产业,如引进中石油
广西石化项目、中石化的北海炼化项目、华谊钦州项目等,若使这些重
工业项目并入北部湾生态经济系统,必要会加大项目进度审批、环境污
染防控与检测等环节的监察。目前,北部湾地区大部分工业园区存在环
境污染现象,而且纳入《广西北部湾经济区重点产业园区布局规划》的
产业园数量偏少,与珠江三角洲经济区、长三角经济区等发达经济地区
存在明显的差距。

5.2.4.3 生态经济系统配套不齐全

北部湾生态经济系统的可持续发展在意识、机制和规模等方面存在
一定的制约因素,比如存在市场经济体系不完善、开发规模不合理、环
境污染严重等问题。北部湾经济区内的高等教育发展存在不足且发展
不平衡,截至 2021 年 10 月,广西壮族自治区的首府城市南宁市拥有 35
所高等院校,北海市拥有 4 所高等院校,钦州市拥有 3 所高等院校,而防
城港市仅仅拥有 1 所高等院校。此外,广西壮族自治区与邻近省份存在
明显的竞争,如在争取国家税收、外资引进、重大经济项目等方面。同时
由于钦州保税港区与洋浦保税港区的功能定位、区位优势、政策优势等
方面建设类似,从而造成双方竞争加剧,极大的威胁了北部湾生态经济
系统在资金、技术等方面的引进与发展。

第

6

章

国内外经典案例研究

6.1 国内物流企业生态位建设案例

6.1.1 顺丰速运集团有限公司——打造物流生态圈

6.1.1.1 顺丰速运集团有限公司简介

顺丰速运集团简称"顺丰速运",是中国大型快递物流综合服务公司之一,于1993年成立,总部位于广东省深圳市,该公司在全球经营快递业务,是全球第四大国际快递公司。目前公司围绕物流生态圈,横向拓展多元业务领域,纵深完善产品分层,满足不同细分市场需求,覆盖客户完整供应链条。经过多年发展,依托于公司拥有的覆盖全国和全球主要国家及地区的高渗透率的快递网络基础上,通过内生孵化+并购整合方式,快速延伸至快运、冷运、同城、供应链等领域,搭建了完整的一体化综合物流服务体系;不仅能够提供配送端的高质量物流服务,还能围绕客户产业链上下游延伸,为客户提供贯穿采购、生产、流通、销售、售后的一体化供应链解决方案。同时,顺丰还是一家具有"天网+地网+信息网"网络规模优势的智能物流运营商,拥有对全网络强有力管控的经营模式。

6.1.1.2 顺丰的发展历程

(1)低价策略抢占市场

早期的顺丰以降价抢滩的方式运营。1993年顺丰创立,同时另一个快递巨头申通也在上海成立。而在香港和珠三角,也有很多快递公司开始成立,市场竞争非常激烈,特别是香港地区,很多成熟的国际快递公司开始在香港布局经营。为了应对日益激烈的竞争,顺丰创始人王卫采取了低价策略,以低价抢占市场。得益于庞大的市场需求,1997年顺丰局部垄断了深港货运。

(2)代理制转为直营制,定位于国内高端快递,深耕直营模式

国内快递业一直存在直营和加盟两种方式,典型的代表分别是顺丰与三通一达。这两大模式各有优劣势。其中,加盟模式的优势在于资金投入小、发展速度快,有利于快速扩张市场;而直营模式资金投入巨大、规划和发展速度慢,在快递行业兴起之初并非最佳选择。

1999年前后,顺丰以合作和加盟代理的方式开始了"快递王国"的开疆拓土。以价格优势抢占市场份额,在快递市场上与其他快递公司展开激烈的竞争。然而,随着顺丰网点和人数迅速增加,加盟模式的弊端逐渐凸显出来。例如,各加盟商各自为政,甚至出现有些加盟商使用顺丰的牌子为自己招揽业务,当消费者投诉时,则把相关责任推给顺丰。于是,2002年顺丰决定将公司的模式由代理模式转变为直营制,并将总部迁至深圳,定位于国内高端快递。当时顺丰推出直营模式后加大了顺丰的成本压力,但是顺丰公司及时推出片区负责制,每个经营片区配备一个快递员负责,做到包产到户,客户一旦被投诉,相应的快递员就会得到惩罚,而且通过计件算工资,多劳多得。这样的改革迅速取得成效,很快顺丰就和责任不清的加盟制快递拉开服务差距。顺丰自此全面发力直营模式,从拓展华东业务,到逐渐复制到全国市场,铺开了一张全国性的立体网络,一步步完成顺丰的"快递王国"。从加盟转直营,可谓是顺丰发展史上重大战略成功。直营模式加速了顺丰的品牌效应和服务质量。

（3）利用非典契机,开始航空运输,巩固"快"核心竞争力

2003年,顺丰使用全货运专机进行专线运输。2003年初,借航空运价大跌之际,顺丰顺势与扬子江快运签下5架包机协议,成为首个将民营快递业带上航空的公司,为顺丰的"快"奠定了市场地位。此时,顺丰的产品经营思路是坚持只做快递,而且只做小件,不经营重货,不经营与四大国际快递重叠的高端快递业务,也不经营五六元钱的同城低端快递业务,剩下的客户则被锁定为目标,1kg内收邮费不超过20元。差异化的经营思路,让顺丰的利润非常可观。2009年底,民航总局发布了一条公告,宣布顺丰航空正式获准运营。顺丰申请建立航空公司并一次性购买两架属于自己的飞机,这也是中国民营快递企业第一次拥有自己的飞机。

（4）往供应链方向转型

顺丰2010年开始发展国际化业务,2013年首次引入战略投资者,

2014 年开始逐步拓展冷链、医药、重货、同城配等新业务,并开始往供应链方向转型,不仅提供配送端的高质量物流服务,还延伸至价值链前端的产、供、销、配等环节,从单一的快递业务向综合物流供应商转变。2017 年,顺丰在深交所敲钟上市,正式进入资本市场。2018 年实现营收 909 亿。作为一家坚持长期主义、坚持前瞻布局的成长期龙头,顺丰正逐步收获品牌效应、规模效应、协同效应,收入增长空间、整体竞争优势。

（5）借助科技搭建智慧物流生态系统

顺丰 26 年的物流快递从业经验,以及围绕物流供应链进行的全场景生态建设,为顺丰科技在物流供应链领域开展技术诊断提供了坚实的基础。基于对物流供应链领域多元的生产运营节点及其痛点的精准洞察、分析和判断,顺丰科技有针对性地推出了一系列大数据智能产品。在库存及快件管理方面,顺丰科技在 2016 年上线了"数据灯塔",帮助客户进行物流和仓储分析、决策。这款产品可以提供快递及仓储状态实时监控、历史快递分析、异常件提醒及处理、库存分析等多项智慧物流服务,目前已应用于生鲜、食品、3C、服装等诸多领域。凭借顺丰强大的物流网络优势,顺丰科技推出了路径管理及规划工具顺丰地图,为企业和个人提供智能位置决策服务。顺丰地图拥有国内领先的物流骨干网络及道路数据、丰富的骑行经验轨迹数据,让"每一票快递"都不走冤枉路,派送效率得到大幅提升;分词算法、LBS 等技术的加入,让智能录入、智能调度、智慧化分拣中转成为可能,降低了人工成本,提升了物流运转准确率。在大数据预测方面,顺丰科技也取得了突破性进展。目前,顺丰科技的件量预测精准度已提升至城市、行政区甚至每一个派送网点、每一个收派员的维度,实现了更加合理、高效的整体资源配置。

海量的物流数据,为顺丰科技搭建智慧物流生态系统,打通各业务板块数据、消除数据孤岛提供了良好的基础。目前顺丰体系拥有百万企业级客户和亿级终端客户,顺丰科技日均处理数据逾 PB 级,覆盖物流及其上下游长价值链数据,涵盖物流、金融、商业、产业园、国际业务、智能设备、IOT 设备等多个数据源。据悉,顺丰科技早在 7 年前就已着手大数据领域的整体生态布局,推动建立高效协同的现代供应链体系,打造智慧供应链。

6.1.1.3 生态位分析

自顺丰速运集团建立以来,逐渐发展,不断壮大,同时伴随着外部环境的复杂多变不断调整自己的战略决策,并通过合理定位选择合适的生态位,持续提高自身的竞争力。目前,在日益激烈的竞争市场中,顺丰速运已取得竞争优势,如 2015 年顺丰速运集团根据市场情况主动调整快递价格,但是集团业务量并没有受到影响,反而呈现不断增长的态势。

（1）时间维度分析

目前在国内物流公司中,顺丰速运的物流运输时间是最短的,同时这也是集团最大的竞争力优势。顺丰速运为了保持并加强自身的竞争力,逐渐加强顺丰航空机队规模,目前拥有 60 多架货运飞机,而且顺丰速运集团也与国内多家航空公司合作,租用上百个客机航班的机腹舱,以此保证物流运输的时效性。虽然与国内其他物流企业相比,顺丰速运的物流收费稍高,但是顺丰速运的定位明确,以缩短物流运输时间为标准,因此很多企业和消费者选择顺丰速运,使顺丰速运集团赢得物流行业的竞争优势,并占领了市场上重要的份额。

（2）市场空间维度分析

在市场空间维度方面,顺丰速运集团已经构建了全国网络。顺丰速运集团十分重视物流服务,充分发挥了公司潜力,从横向和纵向方面发展物流规模,进行货物的空间转移,提升了集团的竞争优势。从顺丰速运集团在全国开展的战略来看,它会根据不同地区不同的空间维度开展自身的物流业务,在全国一线、二线甚至三线城市不断开设新的物流网点。截至 2021 年 3 月,顺丰拥有 5 万家城市驿站、乡镇代理及物业公司合作的末端网点,丰巢自取货柜超过 28 万个柜机,顺丰租赁加自营货机数量达 75 架,线路条数达 83 条,并利用互联网科技技术开拓集团的市场空间,提高自身的竞争力。

（3）竞争能力维度分析

顺丰速运集团为了巩固市场竞争优势,对物流市场进行细分,针对不同的客户群体提出不同的物流服务,以满足不同群体的需求。针对企业客户,顺丰速运实行"一对一"服务,推出专人负责制,开展物流网络监督,保证企业客户物流服务更加安全、快速;针对个体用户,顺丰速运推出陆运和空运来满足不同个人消费者的需求,根据他们的要求完成物流服务。

6.1.2 阿里巴巴集团——创新生态系统

6.1.2.1 阿里巴巴集团简介

阿里巴巴集团控股有限公司是中国一家提供电子商务在线交易平台的公司，是全球最大零售商之一，由马云为首的18人于1999年在杭州创立。该公司经营范围包括B2B贸易、网上零售、第三方支付和云计算服务等，业务包括淘宝网、天猫、阿里云等，并在美国纽约和中国香港交易所上市。作为一家经营多元业务的互联网公司，阿里巴巴成立之初立足于为B2B交易提供相应的技术支持服务，随后建立线上购物平台淘宝，并不断进行横向和纵向业务的扩张。经过20多年的发展，以全球领先的电子商务服务平台为核心，阿里巴巴逐渐形成了以核心子公司、控股子公司为发展根基，以投资创业公司、入股创业公司为发展触角的庞大商业版图。在此基础上，阿里巴巴提出以"共生、创生、互生"为理念的企业创新生态系统，实现协同发展。

6.1.2.2 内部创新网络方面

升格建制，是阿里对战略性重要业务的一贯待遇，也是阿里鼓励内部创新创业的大战略体现。从阿里巴巴的发展中我们不难发现，阿里巴巴具有内部创新的传统。比如随着淘宝的发展衍生出天猫，支付宝的基础上独立出蚂蚁金服，近期升级为事业部的钉钉等。与其让这些创新想法出走阿里、在外部寻求发展，倒不如让他们留在阿里内部创新创业。因此阿里十分注重内部创新，不断强化内部创新创业的孵化力度，主动打破大公司体系内求稳的状态，激励个人创新英雄的出现。

（1）"小前台、大中台"网状组织架构

在张勇正式接管阿里巴巴后，阿里便进行了几次意义重大的组织结构调整，将原有的树状管理模式转变为网状管理模式，形成"小前台、大中台"的全新组织结构。大中台聚焦于产品技术和数据能力的整合，为前端的各业务群以及创新业务提供支撑，目前涵盖搜索事业部、共享业务事业部、数据及产品部等。小前台最大的变化则是不再设有负责人，而是实行班委制，具有更强的灵活性，目前包括电商事业群、蚂蚁金服集团、阿里云事业群等。通过这样的网状架构取代过去的树状架构，大中台成为阿里创新生态的"土壤"，使阿里能够充分扩大各业务部的灵活性和创新空间，同时能够更好地扶持员工的创新想法，为具有可行性的创新项目调配合理的资源支持，孕育出更多具有竞争力的前卫子业务。

（2）设立创新业务事业群

2019 年 6 月阿里巴巴重组创新事业群，创新事业群的前身是张勇直接领导的创新业务，包括盒马、钉钉、天猫精灵等核心创新产品。从阿里创新生态搭建的定位来看，创新业务事业群是释放了一个培育更深厚创新土壤的信号。阿里希望由此开创持续在阿里内部孵化创新项目的能力、机制和体系，培养年轻的创新领军者。

在创新事业群内部，以"用户第一"为唯一考核指标，面向未来寻找创新机会。目前，创新事业群分为七大事业部，并组建了以"小、快、灵"为特色的项目团队，对创新进行奖励，并配备相应的薪酬激励，充分调动事业群成员的积极性。员工可以随时申报项目，随后负责投资的部门会启动内部尽调程序，在申报的创新项目积攒到一定数量时，创新事业群会组织立项讨论会，决定创新项目是否可以进一步运作。对于运作阶段，创新事业群内部模拟出与外部创业公司相同的竞争环境，让创新项目接受更加严格的考核。项目初期除正常发工资外，不会给任何大型市场推广费用，也不会从其他成熟产品为初创项目导入流量，主要靠创业团队独立用心经营，自主寻找市场，验证创新项目。当产品发展到一定用户量级或方向足够清晰，将通过投资评审会的答辩获取融资，集团逐渐给以人才、资金等通用资源的支持。当创新项目足够成熟，可以独立发展后，产品团队会获得股权激励。

目前创新事业群孵化出了唱鸭、VMate 等多个千万级用户量的新产品，分布于智能搜索、音乐社区、短视频社区等赛道，其中 95 后用户整体增幅超过 370%。

6.1.2.3 外部创新网络方面

（1）阿里达摩院

阿里达摩院是阿里巴巴的全球研究院，致力于进行基础科学和颠覆式技术创新研究，打造全球顶级产学研交流中心。目前，达摩院由全球实验室、高校联合研究所以及全球前沿创新研究计划三大部分组成,研究涵盖机器智能、智联网、金通科技等多个产业领域。

目前,阿里巴巴的研发投入居中国互联网公司之首。在此基础上建立的阿里巴巴达摩院充分体现了阿里巴巴注重科技创新进步、推动社会发展的雄心。根据目前的设计,阿里巴巴达摩院将与阿里巴巴现有的研发体系保持相对独立,专注于联合外界产学创新力量,面向未来进行前沿创新技术研究。

（2）阿里云创新中心

阿里云创新中心是阿里巴巴基于互联网、云计算、大数据的科技类"双创"孵化服务平台。由阿里巴巴联合百亿资金,提供创新创业的各方面资源,包括创业资金、入驻场地、创投对接、创业指导、技术培训、阿里云服务等,以支持创新创业项目的成长。

阿里云创新中心项目采取"政府主导、企业运作、合作共赢"的市场化运作模式,依托政府已有资源,充分发掘人工智能、大数据、新金融、新零售、新制造等阿里巴巴的技术优势,通过提供各维度的创新创业相关服务,搭建线下创新实体空间与线上创新服务平台深度结合的开放式创新创业生态圈。

（3）支持网络方面

阿里巴巴以电子商务业务为基础形成的以云计算、大数据、物流体系、金融服务等为核心的商业生态系统为阿里的创新生态系统提供了有力的支持网络,激发了创新生态系统种各层面的创新活动。

比如菜鸟主要提供核心电商以及新零售创新项目的物流基建支持;阿里妈妈为创新活动提供营销服务以及数据管理平台等支持;阿里云则为创新活动提供重要的前沿技术服务与系统基建;由支付宝衍生出的蚂蚁金服提供的蚂蚁小贷,主要服务小众和小微商家,余额宝业务降低基金服务门槛,芝麻信用结合普惠金融服务扶持初创企业发展等。这些庞大且多元化的支持网络,共同助力阿里创新生态中各创新主体的成长和发展。

阿里巴巴作为企业创新生态系统中的核心企业,强调构建内部创新网络的同时,注重阿里云创新中心外部创新网络的打造,并以金融服务和其他基础设施资源贯穿整个企业创新生态系统,为需要的科创企业或创新项目提供资金、技术等资源支持,保证创新生态系统的协调运作,使整个创新生态系统中的创新主体蓬勃健康发展。

6.1.3 京东集团的生态位布局及核心竞争力

京东于 2004 年成立 B2C 自营模式电商平台,经过 16 年发展,公司业务涵盖线上零售、物流、金融与数字科技等领域,并通过"京东物流""京东数科""京东健康"等基础设施建设打造供应链优势并围绕核心业务加速生态位布局。

6.1.3.1 京东物流

京东集团在 2007 年开始建立京东物流,2017 年转型,成立京东物流集团,2017 年以来持续发展升级,于 2021 年在香港联合交易所上市。京东物流集团成立以来,经历多次转型升级,从自营化企业向社会化企业转型,从企业物流集团转型为全国领先的物流企业,并逐步发展成为供应链基础设施服务商。

持续投入阶段(2007—2016 年):这个阶段又称为自营阶段。2007 年 6 月京东在京东多媒体网的基础上成立京东商城,同年 7 月,京东在北京、上海、广州建成三大物流体系,占地面积超过 5 万平方米;2010 年,京东首先打造物流行业 211 限时达特色配送服务,为客户提供安全、快速的物流配送服务;2014 年,京东在上海的物流中心上海"亚洲一号"投入运行,其主要特点是高度自动化,同时也是亚洲范围内占地面积最大、自动化程度最高的智能仓库,标志着京东的仓储和运营能力有了质的提升;2016 年,京东成立了京东 X 事业部,专注于互联网和物流,致力于打造京东未来的智能仓储物流系统。

物流服务转型阶段(2017—2018 年):成立京东物流集团,转型为社会化开放企业。2017 年 4 月,京东集团成立京东物流子集团,京东集团的物流业务开始独立经营,实现了企业物流转型为物流企业;2018 年 2 月 14 日,京东物流新轮融资约 25 亿美元,这也是中国物流行业最大的单笔融资额,同年 10 月京东物流正式推出供应链、快递、冷链、速运、跨境、云仓六大产品体系,并开始发力面向社会的第三方个人寄递业务。

升级阶段(2018 年至今):力争成为供应链基础设施服务商。2018

年6月,京东物流CEO王振辉在京东第15个生日会上表示,京东将以全球智能供应链基础网络(GSSC)为蓝图,推动全球供应链智能化发展。2019年,京东物流在2019全球智能物流峰会,正式提出"供应链产业平台(OPDS)",基于不同属性的产业提出一体化供应链服务,主要包括两方面内容,一是全供应链服务,二是供应链技术平台。京东物流使用13年的时间,成为拥有中小件、大件、冷链、B2B、跨境以及众包六大物流网络的企业,同时借助大数据、云计算、人工智能等高科技技术,打造智慧物流和智能供应链服务体系。

京东物流作为电子商务平台自建物流的典型代表,十分重视企业资产,而且自其重资产模式建立以来,备受市场其他物流企业的质疑。而经历了20多年发展,京东物流实现了物流服务快速发展与模式转型升级,已经实现了京东集团的企业物流转变成京东集团的物流企业,正向打造世界领先的供应链企业迈进。从2007年开始,京东持续对物流进行自建投入,2017年京东物流子集团成立,开始独立运营,完成企业物流向物流企业转型。在产品体系上,京东物流打造了以供应链为核心的产品矩阵(供应链、快递、快运、冷链、云仓、跨境);在组织架构上,进行三轮调整,将各业务的协同能力进一步强化,匹配供应链物流企业定位。近年来,京东物流一直根据市场需求,调节企业业务,以开拓多元化业务为目标,不断扩大自身的开放程度,同时,以供应链为核心打造产品矩阵,产品条线上更加聚焦物流主要细分赛道。目前京东物流集团拥有京东供应链、京东快递等六大核心业务。

(1)核心业务一:京东供应链

这一业务是京东物流在仓储配送基础上发展的,旨在为各商家提供高度协同的软件和硬件设施以及全方位的货物仓储、订单管理、物流配送等一体化的仓储托管服务。具体为:提供生产商与分销商仓储服务、提供商家与消费仓储配送服务等。

(2)核心业务二:京东快递

京东快递是京东物流六大标准化核心业务之一,于2018年10月推出个人业务。期间,京东快递不断开拓市场,优化服务,目前已形成"特瞬送""特快送""特惠送"和"京尊达"四大服务品类,用以服务京东客户的多元需求。"特瞬送"业务是指京东快递针对商家和个人推出的快速同城服务,最快30分钟即可送达,主要特点是安全、快速。"特快送"

是京东快递根据航空运力推出的业务,满足商家与消费者对于高时效包裹的需求。"特惠送"的主要用户是那些追求经济实惠的人群。"京尊达"针对购买高端商品的用户推出的一项专属定制化配送服务。

（3）核心业务三：京东快运

京东物流是聚焦 20kg 以上的重货、零担以及大件包裹的物流快运业务,其中经快运的核心业务分为四类,一是特快重货业务,主打 20 ～ 100kg 段重货,为客户提供快速准时、送货上楼的高品质物流服务；二是特快零担业务,主打 100 ～ 500kg 段重货,为客户提供快速准时,安全稳定的批量货物运输服务；三是大票直达业务,主打 500 ～ 3000kg 段重货,为客户提供高性价比、定制化的大宗货物运输服务；四是整车直达业务,主打 3000kg 以上段重货,为客户提供专车直达,安全可靠的整车运输服务。此外,京东快运拥有六大增值业务,分别是暂存服务、包装服务、代收货款、保价服务、签单返还、重货上楼。京东快运拥有十余万条运输干支线路与数百个转运中心,旨在搭建全球智能供应链基础网络 SGSSC,为全国客户提供高效安全的物流运输服务。

（4）核心物流四：京东冷链

冷链物流是指冷藏冷冻类商品在生产、运输、销售等过程中,要一直处于适合的低温环境,以保证物品的品质,减少商品损耗。京东物流有两大冷链物流业务,分别是食品冷链与医药冷链。京东冷链依托自主研发的订单管理系统与智能温度监控平台,辅以专业的制冷设备与冷媒,实现订单全流程在线可视与 24 小时监控异常。京东冷链物流业务极大的满足人们对新鲜食品和安全药品的需求。

（5）核心业务五：京东云仓

京东云仓是物流仓储的一种,通过先进的信息技术手段,打造物流基础设施共享平台。京东云仓通过完善的系统工具,实现了多个电商平台同步库存。同时京东云仓完全以入云仓的货物数量来收费,实现为客户节约租金的目的。此外,京东云仓拥有京东整套成熟的操作系统、数据服务、物流技术,能够打造省心仓储的目的。总之,京东云仓有六大亮点：助力零售、京配打标、节约租金、节省运费、专业团队、省心仓储。

（6）核心业务六：京东跨境服务

京东跨境服务面向的是全球消费者,目的是在全球建立双 48 小时路线,一方面实现中国制造 48 小时到达全球,另一方面实现全球各个国家的货物 48 小时到达中国,以便为全球用户提供一体化的京东跨境供应链服务。

6.1.3.2 京东数科

京东数科的前身京东金融,最初为京东旗下的一个部门,于 2013 年 10 月开始独立经营,2018 年 11 月正式升级为京东数科。公司成立之初主要是以金融业务为主,例如做小额信贷、代销金融产品等,2015 年开始公司业务才逐步升级到为金融机构、商户和企业、政府部门提供全方位的数字化解决方案,致力在数字经济时代的产业数字化。目前京东数科实现了从数字金融到数字科技的转型,2020 年提出打造"科技(Technology)+产业(Industry)+生态(Ecosystem)"的"联结(TIE)"模式,为金融机构、商户和企业、政府和其他客户提供全方位数字化解决方案,构建合作共赢的数字经济生态,受益于我国产业数字化的深入推进,未来公司有望实现持续快速增长。

京东数科成立 7 年经历了数字金融、金融科技和数字科技三个发展阶段,从 2013 年最初的金融业务,以京宝贝、京东白条等为代表;到 2015 年转型金融科技业务,向金融机构输出风控、资管等科技能力;再到 2018 年以来的数字科技业务,从助力金融机构数字化向推动产业数字化延伸,为金融机构、商户与企业、政府及其他机构提供全方位的数字化解决方案,完成了从 C 端切入 B 端,从京东生态向外部生态拓展的布局。

(1)2013—2015 年的数字金融模式年的数字金融模式:主攻 C 端金融服务

京东数科的前身"京东金融"成立于 2013 年 7 月,依托于京东商城和京东物流数字化场景积累的用户和数据,京东金融最初为客户提供基于自营平台的供应链金融和消费金融服务。京东金融最早主要为京东平台商家及供应链企业提供融资服务,先后上线了"京保贝""京小贷""企业金采"等金融产品。2014 年 2 月,公司推出了业内首款互联网消费信贷产品"京东白条",将业务从企业端衍生到消费端,构建了以京东商城平台为核心的全产业链金融服务生态闭环。不同于当年市场上比较火热的支付业务和 P2P 业务,公司从一开始便切进了金融行业最深层的风险管理和风险定价的领域,抓住了金融行业的最大公约数。

在此期间,京东金融还打造了一站式金融平台"京东金融 App",并迅速嫁接了支付、理财、保险等金融业务板块。近年来公司金融业务快速发展,是收入和利润的重要来源和支撑,有了金融业务收入这个基础,公司才持续有资源投入新的业务中去;同时,公司数字金融模式所积累的用户数据、科技能力等也是新业务拓展的基础。

(2)2015—2018 年的金融科技模式年的金融科技模式:科技赋能推动金融行业数字化

2015 年 10 月,京东金融在行业内较早提出去金融化,向"金融科技"转型的战略定位,2016 年 9 月正式成立金融科技事业部,明确独立部门进行科技能力输出,京东金融完成了第一次蜕变,从主攻 C 端转到 B 端C 端并重。公司正式开始了轻资产化的战略转型,一方面通过发行 ABS的方式把资产转出去,并直接从前端引入金融机构给用户放款,推出了代表性产品京东金条;另一方面,京东金融把自己的数据中台、智能决策系统、智能运营系统,以及敏捷 IT 的架构能力,包括 PaaS 和 DaaS 这系列的内容从自己的技术体系里面解耦出来组件化地输出给金融机构,帮助金融机构自己提升研发效率、运营效率和做开放银行。在此期间,京东金融推出了以银行为核心客户的金融机构风控解决方案,同时,还推出了资管理财平台系统、保险基金网上代销平台、资产证券化云平台等数字化系统或工具,科技赋能推动金融行业数字化。

(3)2018 年底以来的数字科技模式年底以来的数字科技模式:以AI 驱动产业数字化

2018 年 11 月,京东金融正式升级为京东数科,首次提出"数字科技"定位和战略规划,致力于在数字经济时代的产业数字化,在继续赋能金融行业的基础上,公司开始去联结更多的行业和场景,包括零售、大宗、出行、商旅、农牧、校园、港口等行业以及智能城市这样的全场景。目前京东数科旗下包括京东金融、京东城市、京东农牧、京东少东家、京东钼媒等多个独立子品牌。京东数科正在逐步走出京东集团生态,联结更多的外部生态拓展发展空间,2020 年上半年公司收入来自京东集团生态外的收入比重已提升至 56.4%。京东数科认为通过产业数字化可以使得金融和产业两个领域产生更紧密的场景联结,使得金融服务可以更早、更有效地介入产业增长模型中去,更早的融入企业和个人的资产生成过程,并从根本上提升资产透视能力和资产定价能力,帮助金融机构和实体部门降低成本、提升效率、增强用户体验及优化业务模式,进而给公司带来技术服务收入增长。

6.1.3.3 京东健康

2014年2月,公司初涉医疗健康业务,并于2017年12月推出在线问诊服务,开始打造"医药联动"闭环体系。2019年,京东健康进入高速发展期。截至2020年6月30日,使用京东健康产品及服务的用户达到1.5亿。京东健康打造零售药房、在线医疗、药品批发三大生态主营业务。

(1)零售药房业务:三种模式优势互补

零售药房业务通过三种模式营运:自营、线上平台和全渠道布局,全面布局药房的不同消费场景。三种模式优势互补,产生协同效应:自营利用供应链和巨大规模来提供有竞争力的价格、优质的客户服务和高效的订单履行。在产品选择方面,线上平台与自营相辅相成,线上平台提供了一些京东大药房通常不提供的长尾产品,作为平台产品选择的补充。全渠道布局对自营和线上平台无法满足消费者的紧急性需求进行了补充,提供满足紧急医疗需求的快递服务(见表6.1)。

表6.1　京东健康零售药房三种模式对比

运营模式	简介	收入来源	存货管理和配送
自营	从供应商采购医药健康产品直接销售给客户,主要通过京东大药房进行,此外直接运营了一些线下药房	产品销售收入	与京东集团合作进行存货管理,与京东集团及其他第三方快递公司合作配送
线上平台	连锁店和独立药房以及医药和健康产品厂商和供应商通过线上平台销售医药健康产品	与第三方商家的单独合同条款收取调佣金、平台使用责	第三方商家自行负责存货管理和配送
全渠道布控	满足用户解急性用药需求,按需求为用户提供当日话、交日达、30分钟、7*24快读送达服务	按销售额收取佣金	线下药房提供存货。京东健康负责销售和配送

资料来源:京东健康招股说明书、中信证券京东集团投资报告。

1）零售药房业务：自营

一是京东健康的基础设施网络逐渐完善，供应链能力处于行业领先地位。通过京东大药房经营自营业务，已建立涵盖行业领先的制药公司和健康产品供应商的供应链网络。截至 2020 年 6 月 30 日，公司与京东集团合作，建立遍布全国的配送基础设施网络，包括 11 个药品仓库和超过 230 个其他仓库。京东健康致力于打造以医药及健康产品供应为核心，医疗服务为抓手，数字驱动的用户全生命周期全场景的健康管理平台。京东健康管理团队由多名电商行业资深专业人士构成，具有多年的行业工作经验及坚实的专业背景。2020 年 9 月 27 日，京东健康提交招股说明书，申请港交所主板上市。

二是京东健康具备渠道优势和规模效应，采购议价能力高。公司通过发挥庞大的规模效应，打造强大的采购和议价能力，提升药品分发渠道掌控能力以及培养高效的仓储和履约能力等，我们以具有竞争力的价格高效地完成销售闭环。凭借巨大的采购规模和业界知名的品牌形象，通常直接与药企及健康产品供应商谈判，以持续获取具有竞争力的采购价格（见表 6.2）。

表 6.2　主要市场参与者合作供应链能力对比

市场参与者	仓库数量	第三方商家数量
京东健康	11 个药品仓库和超过 230 个其他仓库，遍布全国	截至 2020 年 6 月 30 日，超过 9000 家第三方商家
平安好医生	药店中心仓服务已经在广州、武汉、北京平安好医生近 1400 家等 40 个城市上线	截至 2019 年底，健康商城合作商户近 1400 家
阿里健康	未披露	未披露

资料来源：各公司财报、招股说明书，中信证券京东集团投资报告。

2）零售药房业务：线上平台

首先，线上平台与京东大药房良性互补，各挥优势。线上平台利用公司的品牌知名度，庞大且不断增长的用户群以及专有技术平台，提供更为丰富的产品品类。线上平台提供了一些京东大药房通常不提供的长尾产品，作为平台产品选择的补充。截至 2020 年 6 月 30 日，线上平台上拥有超过 9000 家第三方商家。此外，线上平台的业务模式采用两种方式：一是存货管理及配送，第三方商家通常自行负责存货管理和配送；二是收费模式，公司主要根据与第三方商家的单独合同条款收取佣金和平台使用费。佣金一般按销售额的百分比收取，具体取决于产品类别和其他事项。

3）零售药房业务：全渠道布局

首先，基于本地服务，满足用户急性用药需求。公司利用业务伙伴的按需同城派递服务，满足用户的按需派递需求，按需求为用户提供当日达、次日达、30分钟、7×24快速送达服务。其次，与线下药店合作，不断扩展供应网络：在全渠道布局下，线下药房通过提供存货加入公司的平台，公司为其管理线上销售的所有步骤，包括平台上的线上展示和配送。用户在平台上向最近的药房下单后，药房将接收订单并准备产品。公司与业界领先的按需配送服务提供商合作，配送全渠道商家的产品。截至2020年6月30日，全渠道布局覆盖了超过200个城市。

表6.3 主要市场参与者O2O布局情况

市场参与者	开始布局O2O的时间	合作线下药房数量	模式	配送时长
京东健康	2015年	截至19年底超2万家；截至2020年H1覆盖超过200个超市	合作线下药店	1小时内，北京、上海等部分城市实现30分钟送达
阿里健康	2016年	截至2020年O2O联盟覆盖门店超4万家；急送药覆盖140个城市	合作O2O联盟＋战略投资龙头连锁药店	14个城市30分钟送达，140个城市1小时送达
平安好医生	2018年	截至2020年H1合作药店11.1万家	合作线下，轻资产模式，1小时送达的闪电送药服务	1小时内
卫宁健康	2016年	截至2019年底合作药店8万多家	限时送达的闪电送药服务共享平台	1小时内

资料来源：各公司财报及招股说明书，中信证券京东集团投资报告。

（2）在线医疗：零售药房业务的重要延伸

在线医疗健康服务为公司零售药房业务的重要延伸，是闭环业务模式不可或缺的一部分。主要业务分为互联网医院和消费医疗服务，包括在线问诊和处方续签、慢性病管理、家庭医生和消费医疗健康服务等。公司致力于整合整个医疗健康价值链,打造覆盖全国的网络,连接线上和线下医疗健康资源。

1)前端推出家庭医生服务,提高用户黏性

推出健康管理战略产品,提高用户黏性。公司于 2020 年 8 月推出了家庭医生服务。这是一项套餐服务,包括专职家庭医生、无限制的专家问诊、医生转诊、全天候健康经理服务和其他服务。除问诊服务外,还提供健康管理、慢性病管理和全生命周期服务。家庭医生服务的独特之处在于提供全面的多层健康管理经验。面向家庭的健康管理组合,京东家医允许家庭成员从同一门户网站管理他们的健康,可以满足中国在此之前无法满足的家庭医生需求。用户可通过营运的移动应用程序访问家庭医生服务,公司会根据家庭选择的套餐收取费用。

2)后端加强专科医生合作,提高诊疗能力

一是自有医生团队经验丰富,保障诊疗质量。截至 2020 年 6 月 30 日,公司自有团队的执业医生平均拥有超过 15 年的医疗专业经验,所有的自有医生均为主治医生及以上职称级别。二是加强外部医生合作,打造多点执业平台。公司组建了一由自有医生和外部医疗专家组成的医疗团队。截至 2020 年 9 月 20 日,有 65000 多名自有和外部医生。三是与顶级专家合作建立专科中心,提高诊疗能力。截至 2020 年 9 月 20 日,公司与胡大一、韩德民等国内顶级专家共建心脏中心、耳鼻喉中心等 16 个专科中心。这些专科中心实施教育培训计划,吸引更多医生及专家加入平台。

3)布局院端,打造智能医疗健康解决方案

公司利用其技术基础设施和能力,为医院和其他医疗机构以及我们的供应商和药房合作伙伴提供智能医疗健康解决方案,包括但不限于临床诊疗、处方管理系统、公共卫生监督和人口健康管理。比如公司可以帮助医院建立一个整合服务和数据的互联网医院系统,提供多种基于数字化的解决方案,包括线上预约系统、支付系统和患者索引系统,信息技术基础设施,如物联网和数据存储解决方案,医疗资源管理综合平台解决方案。同时,与医院的智能解决方案的合伙关系能够提供各种商机,包括医疗器械订购、患者转诊和其他增值服务。

（3）药品批发："药京采"赋能,持续渠道下沉

"药京采"是公司旗下的线上药品批发平台,将上游药企、医药公司及健康产品供应商和分销商与下游药房连接起来,通过对整体过程数字化来提高整个医疗健康价值链的效率。目前主要面向单体药店、中小型连锁药店以及诊所和卫生室等医疗机构。京东健康药品批发业务呈现两种特点。一是业务快速发展,布局逐步完善。截至 2019 年 12 月 31 日,在药京采平台注册的客户数已超 12 万,覆盖近 300 座城市,遍布除港澳台地区外的 80% 以上省区。二是加强企业合作,渠道持续下沉。2020年 5 月 22 日,京云南著名老字号企业曲焕章医药合作签约,双方将充分发挥各自在医药健康和互联网等领域的优势,在品牌东健康药京采与赋能、营销能力、大数据定制化生产等方面开展深入合作。双方计划首年覆盖全国 9 个省及直辖市,在未来几年内销售业绩实现逐年递增,实现破亿目标。

6.1.4 物流企业生态位建设的启示

6.1.4.1 顺丰生态位建设启发

"直营模式 + 高端定位 + 航空运输"成了顺丰成功的三驾马车。2016 年,顺丰的利润为 41 亿元,几乎相当于四通一达五家快递公司之和。支撑着这么高利润的就是顺丰的快递单价,顺丰平均一个包裹的收入是 23 元,远高于行业平均的 7 元。用户之所以愿意支付更贵的价格,是因为顺丰的安全、快捷和服务质量远超同行。在快递行业,顺丰的品牌、利润技术、运营效率都是无可争议的第一。

对于顺丰来说,追求时效这个目标是不变的,但顺丰的快首先源自于满足客户体验。如何能够更加专业化、标准化地提高效率,让用户有更好的体验,一直都是其追求的目标。顺丰运输能力的加强,可以给客户选择的品种、服务要求有更多选择。比如顺丰自建机场、跟铁总建合资公司,其实也是速度上追求极致,在变化的环境中提升客户体验的表现。

6.1.4.2 阿里巴巴集团——创新生态系统启示

在统一的愿景之下,平台型企业利用技术、产品、数据、用户、渠道

等资源优势,不断创新产品和服务,并带动更多的资源汇集,逐步形成一个产业生态体系,高度协同、共享、互补、扶持,带动各条业务线在既交叉也竞争的前提下高速发展,从而不断提升平台运行效率与营收,让阿里巴巴在多年高速发展之后依然保持强劲的增长动力。以用户为中心、创造新价值、着眼于未来、开放、诚信、互赢、社会责任,不仅仅是阿里巴巴生态体带给市场的启发,同时也为各个企业建立、发展各自的经济生态体提供了良好的借鉴与启发。

6.1.4.3 京东生态位建设启示

为了在复杂多变的新兴业态中保有竞争力,越来越多的企业迫切需要技术驱动的供应链快速反应能力以及灵活配置的物流服务组合。物流企业应该绿色低碳的一体化供应链生态建设,深耕一体化供应链物流服务这一核心主航道。将来物流企业应从消费端、流通端、生产段进行物流企业生态位建设。

6.2　发达国家区域生态文明型物流发展经验借鉴

6.2.1 发达国家区域生态文明型物流发展的主要经验

6.2.1.1 重视规划引领区域生态文明型物流发展

美国、日本和欧洲主要国家高度重视立足当地生态文明的物流规划和发展。美国通过规划区域物流基础设施,根据物流发展的不同阶段采取应对措施,为物流发展创造了健康的竞争环境,绿色循环和低碳物流政策也得到加强,例如《国家运输科技发展战略》是为了建立安全高效、可靠的运输系统的国家交通科学技术开发战略。1956 年以后,日本计划实现物流现代化,积极推进区域物流基础的支援和物流开发的合理化,并出台了引导绿色循环和低碳区域物流发展的政策。如减少公害排放,保护地球环境《新综合物流实施大纲》等。欧洲是规划绿色区域物流发展的先驱。于 20 世纪 80 年代,欧洲开始研究一种新的联盟型或合作式的物流新体系即综合物流供应链管理,以减少无序物流在环境方面的影响;21世纪初,以避免和减轻海上运输造成的环境污染为目的的交通安全计划被推进。欧洲也在关注企业在绿色物流的导向和贡献,如欧洲货代组织(FFE)对绿色物流的促进作用。

6.2.1.2 在法律层面,注重促进地方生态文明物流发展

美国、日本和欧洲主要国家制定了一系列法律法规来规范或促进生态文明区域物流的发展。第一个就是涉及管理环境行为的法律。例如,美国颁布了《资源保护和循环利用法》《空气净化法》和《水净化法》,国会规范经济主体的行为,推动物流走向绿色;日本制定了一系列促进逆向物流发展的法律,包括《资源有效利用促进法》《建筑材料回收法》《食品回收法》《汽车回收法》和《废物利用法》《废物处置法》;欧盟已颁布400多项环境法规,包括《废电子电机设备指令》(WEEE)和《减少危险废弃物指令》(RoHS)。二氧化碳、碳氢化合物和一氧化碳造成的空气污染。为了减少二氧化碳、碳氢化合物和一氧化碳对空气的污染,欧盟境内的车辆必须安装三通调节催化器。在逆向物流方面,德国的法律也走在了世界前列。德国约有8000项联邦和州环境法律法规,由约500000个部委管理。德国拥有完善的环境保护法,提供欧洲最好的环境保护。第二是通过绿色消费法促进地方生态文明物流发展。例如,美国制定《联邦采购法》,颁布生态文明采购细则,以联邦法规和总统令为法律依据,促进生态文明采购;日本制定并实施了《绿色消费法》,制定了基本的生态文明消费指南,促进国家部委和独立行政机构购买产品,为生态文明消费基础计划提供文明消费指南。欧盟调查显示,72%的受访欧洲消费者愿意为环保产品支付额外费用。

6.2.1.3 旨在通过财政、财政等措施,鼓励和支持地方生态文明物流发展

美国、日本和欧洲主要国家高度重视融资、税收等手段,以区域生态文明为基础推动物流发展。例如,自1978年以来,美国对在各种情况下实施资源回收系统的企业提供10%到90%不等的财政补贴,日本则向消费者提供财政激励,鼓励他们购买生态房屋。家电依靠国家财政支出。相关制度的形成促进了企业的可持续发展和公民保护环境的流通,

形成了良性循环。日本中央政府每年的采购金额为14万亿日元,其中大部分用于政府采购,以促进绿色经济的发展。欧盟政府每年推动绿色采购约1万亿欧元。为了改善环境,德国政府采取了多项补偿和补贴措施,包括为企业提供节能装置成本的25%的补贴。西方大多数主要工业化国家征收各种环境税,包括对二氧化硫、碳、污水、固体废物和噪声的征税。例如,德国为废水的"污染单位"设定了基准,并有统一的国家税率。欧盟于2003年决定建立碳交易体系,于2012年1月1日生效。英国将碳交易体系从欧盟免费分配给国家航空公司。英国政府正在用环境税政策取代现有节能计划。

6.2.2 发达国家发展区域生态文明型物流的成效分析

6.2.2.1 美国发展区域生态文明型物流的成效

（1）区域现代物流业快速与健康地发展

美国现代物流业的健康快速发展得益于多方面的因素。其中,人才的培养和使用发挥着重要作用。美国建立了多个层次的专业物流教育,包括高等教育、大学和职业教育,教学内容是根据物流发展的需要量身定做的。20世纪90年代初期的物流培训课程也强调机械工程操作。储存和运输等虽然是基础知识,但目前的课程侧重于全面的供应链管理。政府、物流公司、物流产业集团之间的互动直接推动了美国区域物流的健康发展。20世纪70年代以来,美国不断出台和完善环保法,提高汽车尾气、工厂污染排放等环保标准,禁止或至少限制对他人造成负面外部性的行为。政府严格遵守和行事。物流行业组织通过支持政策响应法律和制定,发挥政府与企业建立物流标准化的重要桥梁和纽带作用,物流企业在有效整合物流资源以满足其自身需求方面发挥着重要作用。政府、行业团体、物流企业的积极合作取得了明显成效。今天美国的空气和水源比环境保护法刚出台时要干净得多。美国区域物流的发展也远离了非环保时期。

（2）区域物流基础设施网络建设和运行成效显著

美国是当今世界综合国力最强、经济最为发达的国家,其各种物流基础设施网络的建设趋于完善。

（3）区域物流发展的效率和效益水平较高

1）市场中第三方规模逐渐扩大,有着较高的复合年均增长率与收入水平

第三方物流的发展水平很大程度上反映了物流业的整体发展水平。在物流业形成的必要条件:独立的第三方物流必须占到社会物流总量的50%。这是总结西方国家物流发展史所得出的。研究表明,美国第三方物流业务增长迅速。美国主要市场第三方的利用率于1997年达到73%,另外有16%的企业表现出了要使用第三方物流的意愿,两者之和达到89%;有29%的货主对第三方物流的评价是成功的,54%的货主认为比较成功,由此可知第三方物流的成功比例是83%。除2009年受金融危机影响外,美国的第三方物流在1996年至2011年期间营业额一直在增长。1996年至今,美国第三方物流市场规模年均扩大10.%;其增长率于2011年达到了国内生产总值3倍之多。2010年纵观世界上的其他国家,美国物流成本占GDP8.3%,是比较低的比例,这个比例低于发达国家物流成本的平均水平;第三方物流的利润基本超过其他发达国家,比例高至10.5%,总收入为1273亿美元,排世界第一。

2）区域物流运营效率高,物流成本占GDP比重明显降低。

国际上,物流总成本与GDP的比值常用来衡量和研究一个国家或地区物流业的发展水平。这个比值越低表明某区域的物流产业越发达,效率也越高。因此,提高经济运行效率的有效途径之一也包括了降低物流成本。美国于1981年至2011年这30年间,物流成本增加了152%,但是物流效率明显提高,物流总成本与国民生产总值的比重降低了4.1%,相应的经济效益提高体现为:名义GDP从30573亿美元增加到了149810亿美元,增幅为390%。20世纪80年代,美国正处于整合物流功能的重要阶段,物流总成本在国民生产总值中比重以1985年美国国家配送管理协会正式更名为物流管理协会为标志,从16.6%下降到12.6%,节省了1650亿美元的成本;1985—1995年,美国由PD向Logistics物流理论转化阶段,物流成本节约了1500亿美元,物流总成本在国民生产总值中的比重下降了2%,达到10.6%;1995—2005年,美国处于供应链管理CLM取代Logistics成为物流理论主体的阶段,随着信息基础设施的大规模部署和最新通信、计算和互联网技术的全球融合进程,供应链管理仍以信息技术进行,物流效率进一步提高。物流成本

节约了大约 1400 亿美元,物流总成本在国民生产总值中的比重也下降到 9.5%;2005 年至今,美国开始发展生态文明型物流,物流总成本节约了近 1500 亿美元,其占国民生产总值比重下降至 8.5%。这 30 年,物流总成本与 GDP 在个别年份增长之外,大体上是下降的趋势,说明了美国物流效率在不断提升,也相应地提高了经济效益。

3）区域生态文明型物流实践参与者多是企业

经济活动既要高效、公平、公正,又要依靠市场手段,但自由市场不能产生公平和正义。因此,需要采取政策防止各种负外部性活动。这是 2008 年诺贝尔经济学奖获得者保罗克鲁格曼强调的观点。同样的,物流活动也存在着负的外部性,也需要政策来阻止这类活动以提高物流效益。企业在贸易全球化的规程中逐渐思考如何避免逆向物流风险。比如食品与电子产品等高价值易受损的托运人评判物流公司的标准是物流公司如何处理和协调这些物品分销渠道返回过程。之所以会有这种评价标准,是因为大众十分关注产品召回等逆向物流。当可视化供应链管理确定产品如何遵循可持续循环流动时,情况对各方都变得透明,如果无法退回有缺陷的产品,所有供应活动都会立即停止。对于高端企业,逆向物流和售后服务已被证明是有价值的新收入来源。通过提高逆向物流的水平,美国的企业可以弥补损失的利润。美国公司越来越重视可持续供应链管理并且第三方物流将可持续性发展视为差异化因素。即使在全球经济波动不定的环境下,第三方物流企业仍然逐渐加强实施可持续发展行动计划。第三方物流对可持续发展的承诺在运营效率方面尤为真实。一份相关的研究报告显示,36 位 CEO 中有 16 位表示他们的公司在 2010 年启动了一项新的可持续发展计划,19 位表示他们扩大了现有的可持续发展计划。根据调查,大多数第三方物流公司都发布了关于可持续发展的官方声明,并且大多数员工都在企业的最高层管理可持续发展,即使在经济衰退时期,也很少有人会减少对可持续发展的承诺。一半的人说他们正在启动或扩展一个可持续发展计划。一些公司开发了网络优化工具来帮助开发最有效的供应链网络,而另一些公司则使用广泛的分析来衡量供应链二氧化碳排放量。一些公司还通过清洁柴油发动机和安装限制汽车最高速度的监视器来减少行驶中二氧化碳排放。一些公司正在向分布式控制系统引入节能减排措施,例如节能照明,以及使用太阳能和风能的可再生能源。

6.2.2.2 日本发展区域生态文明型物流的成效

（1）有效地控制物流总成本

日本在管理物流成本方面做得很好。物流总成本占 GDP 的比重被限制在一个相对狭窄的范围内，从 1991 年到 2008 年期间，从 10.5% 下降 8.9%。在进入 21 世纪之前，它跌破了 9%，并且一直保持在这个低水平。日本建立了完善的物流管理体系和操作流程，系统地监控和管理物流的完成情况，可以说日本在世界物流成本管理方面处于最先进的行列。自 2000 年起，日本的管理费用占物流总费用的比重一直很低，运输成本占 GDP 的比重也没有太大变化。日本现代物流健康发展的主要原因包括库存成本降低和周转率提高，这两个原因同时也是物流效率和企业竞争力提高的重要原因。

（2）全行业物流成本占收入的比重大幅下降

日本货主企业提高物流效率和降低物流成本主要是通过共同运输及对物流节点的集成手段等。1996 年至 2009 年，日本物流成本占收入比重从 6.58% 下降到 4.77%。尤其是物流成本占整个行业销售额的比重最近下降到不到 5%，体现了日本在物流管理方面的高效率。

（3）第三方物流发展趋势良好

物流发展专业分工明确、第三方企业物流发展趋势利好是日本物流效率高的原因之一。在按支付方式划分的物流成本构成中，1995 年至 2010 年，第三方物流从 55.2% 上升 67.5%，而子公司物流和自营物流的比例正在下降。

（4）关注逆向物流发展，物流低碳化趋势明显

日本在扩大可持续发展计划的背景下，非常重视退货、回收、再利用和废弃物的物流，逆向物流在物流总费用的比重已达到大约 3%。技术创新、制度发展以及各级政府和行业之间的合作往往会降低日本的单位 GDP 二氧化碳排放量。2007 年，通过产业结构的不断优化，三大产业中的第一、二、三产业分别占日本 GDP 的 1.6%、9.9% 和 68.6%。经济的可持续发展的促进得益于生产率的提高，提高生产率不仅可以降低产业发展对物流的依赖，还减少了二氧化碳等污染物的排放，改善了环境质量。比较全日本各种运输工具及各部门二氧化碳排放量在 1990 年与 2007 年的比例，可发现产业部门和工业流程的碳排放比例有比较明显

的下降,家庭用轿车和家庭用货车两者的碳排放比例占了 65% 以上,说明高效利用能源的技术和方法应用于工业领域,节能减排效果显著,碳排放量在生活中形式更严峻。

第

7

章

北部湾物流产业生态位重构路径选择

　　本章以生态位理论为基础,沿循"产业生态位—物流业产业生态位—北部湾物流产业生态位"的思路,探讨多重机遇叠加背景下,北部湾物流产业如何配合好多种规划战略实施,从技术、市场和资源三个维度进行生态位的选择及其构建研究。具体内容包括:产业生态位的识别方法及其一般演化规律研究、物流产业生态位的形成机理及其产业带动效应研究、北部湾物流产业发展状况及对其他产业发展的影响研究、多重机遇叠加下北部湾物流产业生态位的选择研究、多重机遇叠加下北部湾物流产业生态位重构战略研究。课题成员在根据不同的研究内容进行分工协调,并对各个内容研究分析得出以下结论:

　　(1)北部湾经济区物流产业属于基础性行业,经济产业结构与物流产业相互影响。一方面经济产业结构的变动对物流产业发展及转型有重要影响,另一方面物流产业的发展也将影响区域经济发展速度。相关研究指出:一方面经济产业结构与物流需求关系为第一产业与货运量,即物流整体的关联度相对较高,第二产业与北部湾经济区货物周转量关联度较高,第三产业与北部湾经济区进出口总额关联度较高,这符合目前北部湾经济区产业结构优化升级趋势。另一方面,伴随北部湾经济区经济产业结构的优化升级,第二产业和第三产业对物流需求的影响也在逐步增加,这使得物流不局限于传统的仓储、运输,而是向物流服务多样化发展,从而可得出经济产业结构也推动物流产业发展。

　　(2)基于本书的研究内容,考虑从生态位角度研究物流产业问题。通过分析物流产业生态位适宜度动态演化规律与其内部生态因子间的耦合、协调程度,来科学预测区域物流产业的发展趋势。研究发现生态位适宜度具有相对稳定性,其大小不仅取决于物流产业内各要素发展水平,也受到关键生态因子相互配合、相互作用的影响。更一般情况是,物流产业的环境、市场和资源三维生态因子之间的耦合度及协调度越高,其生态位适宜度值也越大。在全球化、信息化、网络化和经济发展平台化的当今时代,区域应当提升自身物流产业生态位适宜度,培育生态位扩展和跃迁能力,制订出物流产业生态位构建与优化的战略管理策略。

　　(3)对于物流产业生态位评价指标体系构建问题,课题成员认为可分别从资源维的人才指数、物流基础设施指数、资本指数和技术维的科研和信息技术,以及市场维的物流发展指数、经济指数这六个方面,选取物流业从业人员数、普通高等学校在校学生数、普通高等学校毕业生数、民用汽车拥有量、公路里程数、铁路里程数等 23 个指标构建。课题成员以"一带一路"18 个重点省份为例,构建物流产业生态位评价指标体系,分析基于生态位视角下区域物流产业竞争力。研究结果表明,这18 个省份之间的物流产业竞争力存在明显的差异,并将其划分为强物流产业竞争力、较强物流产业竞争力、中等物流产业竞争力、较弱物流产业竞争力四类。

（4）在物流业与生态环境协同度方面,需要指出的是,单一的物流系统和生态环境系统的发展不能同时提高整个互联系统的协同作用,只有在两个单一系统的共同作用下整个系统的协同度才会增加,连接复合系统的扩展取决于两个子系统的耦合。只要每个子系统停止或发展过快,综合协同效应就会变成不协同状态,表明物流系统的内部指标因素对整个物流系统有重大影响。只有解决物流运作各个环节中存在的问题,我们才能创造一个能够循环的物流生态系统。因此,北部湾城市物流业的生态发展必须解决整个物流系统与现有物流活动的协调问题,实现物流业的生态发展阶段。另外,研究还发现北部湾经济区出现物流业子系统快速发展,但生态环境子系统停滞不前导致整体协同度出现了大幅下滑现状。

这表明,这两个系统的不协调,将会导致"物流—生态环境"的协同效应较低。将进一步提高环境适应水平设为发展目标,加强各级政府的宏观政策设计,不断重视对生态物流人才培养和引进,实现生态物流的标准化、规范化、智能化,使广西北部湾经济区的物流业能够持续发展健康和谐地发展。

（5）北部湾经济区物流产业有产业集群现象,另外伴随物流产业的迅速发展,物流产业出现服务同质化及市场逐渐饱和的现象,面对这一现象物流产业不仅需实现差异化,还需提升企业创新绩效,从而提升企业综合竞争力。因此课题成员对产业集群网络位置、网络密度与企业创新绩效的关系展开相应研究。通过文献回顾及分析,发现集群网络中心度与集群网络密度的交互作用对企业创新绩效有显著的负向作用,而集群网络结构洞与集群网络密度的交互作用对企业创新绩效有显著的正向影响。集群网络密度创造的优势依赖于集群网络位置,网络密度能够改变集群企业知识转移效果。相关研究借助跨层次理论,提出集群网络位置(微观层次)、网络密度(中观层次)及其二者之间的交互作用对企业创新绩效影响的理论假设,研究证明集群企业网络位置与集群网络密度的交互作用对企业创新绩效产生不同的影响。

结合前面物流产业发展存在的问题,从生态位拓展、生态位分离和生态位互利共生这三个方面来对北部湾经济区的物流产业竞争力发展提出相应的生态位构建路径。

7.1　生态位拓展,实现区域间协同发展

物流产业生态位拓展策略主要是充分开拓现有的和挖掘潜在的物流产业相关资源,并加速现有资源的高效运转。当一个生态单元即一个省份能供给的生态资源恰好与其物流产业发展所需要的生态资源相匹配时,则该省份的物流产业生态位适宜度较好和竞争力较强,但当其外界环境发生巨大变化时,该省份仍依靠自身的实力很可能难以维持其原有的竞争优势,因而在当今经济环境日渐复杂的情境下,该省份应该未雨绸缪,尽早和周边其他地区达成一致的协议,从而形成区域协同发展的局面。根据上述有关物流产业竞争力强度的分类情况来看,广东、浙江、福建、内蒙古、辽宁、云南、陕西、重庆这些省市区的物流产业竞争力比较靠前,因而可以对这些省市区采用生态位拓展策略以应对外界变化的环境和巩固自身的竞争实力,将周边一切优势明显的资源进行整合及进行最优配置,并利用占领先地位的物流基础设施、科技信息技术和经济发展水平等优势以吸引更多的外资和物流产业核心人才,同时充分发挥自身在物流产业集群中的领军带动作用,逐步实现各地区之间物流产业交通网络高效连接,提升其在"一带一路"沿线国家中国际国内跨区域合作的辐射作用,从而最终实现区域物流产业的转型升级。

拓展北部湾物流产业生态位,实现区域间协同发展主要通过以下方式。

7.1.1 加快港口物流系统的现代化、国际化升级

广西北部湾国际港口物流系统的建设是一个多地区、多港口、多部门联合协同开发的过程。在制定和执行规划政策的同时,充分考虑到发展过程中不同部门之间关联协同的重要性,应调整运输、工业、贸易、海关、边境管制和对外贸易的关系和职能。为了确保北部湾港口国际物流体系的建设符合国家宏观经济和社会发展规划以及国家发展战略,必须坚持统筹规划、适应性和健全监管的原则。广西北部湾港口物流发展应遵循与国际接轨的原则,以进一步向着国际化、现代化的方向迈进。在港口物流方面,特别是以东盟国家为中心,加强港口与东盟港口的合作,积极主动学习引进东盟国家如新加坡、马来西亚等管理港口的先进技术经验,推动港口物流体系的国际化进程。这些都反映了中国—东盟自由贸易区、湄公河次区域和国际供应链系统的战略价值。

7.1.2 推动港口物流服务增值链的优化

广西北部湾港口必须提高物流服务的附加值,优化物流增值链。其主要思路是:坚持与中国西南部与东盟的经济合作,深入其经济腹地,加强北部湾港口作为大宗散货服务平台的功能作用,提供智能化服务;为实现国际多式联运的物流服务功能,北部湾港区应注重有机整合物流园区、相关产业园区和加工贸易基地三者的服务关系,激发潜在服务,充分发挥物流服务功能。要提升北部湾港口物流的服务内涵,不仅需要规划政策的指引,更需要企业的积极参与。第一,我们应该建立对物流企业能起到激励作用、收费科学合理的新机制,根据市场规则和收费规则,不断调整规范收费体制机制,使其适应市场需求的变化;第二,应该深化物流系统的分工,注重发挥不同部门间的协同作用,各部门团结协作,进一步提高物流效率。最后,提升北部湾港口对货物的吸引力,充分利用现有的区位政策优势,大力实施第三方物流,与大型航运集团合作,吸引货物向北部湾靠拢,开发专属航线,提供真正高效便捷的交通服务。

7.1.3 建设统一物流信息平台和完善物流标准化体系

标准化的统一,不仅仅是简单地统一设施设备,也不是工作环节的标准化。标准化项目最重要的环节是将供应链上的物流公司联系起来。通过物流信息平台,实现上下游企业的紧密合作,有效对接工作,实现信息的高度交流。此外,在所有环节都实现了有效的信息获取和有效的工作。因此,政府不仅有责任协调物流设备的规格,还应考虑将产品、设备和信息整合到物流周期的所有连接中,例如物流集装箱单元和铁路空间之间的一致性。为了协调物流信息编码,促进物流标准化,加强信息媒体网络的使用,并通过使用互联网和物联网加强物流设备的管理以及信息的监控和共享。

7.1.4 加强城镇化基础设施建设

要完善区域物流基础设施建设,进一步促进交通一体化。物流基础设施是物流活动的工具。城镇化的推进使得人口向城镇转移,交通拥堵现象十分严重,而物流业的发展主要是靠运输来实现的,在交通运输环境不能有效改善的条件下,城镇化的推进就可能会阻碍物流业的运输效率和经济协调运转的质量。因此提高城镇化对区域物流与区域经济协调发展的贡献度就需要改善城镇物流运输环境,加大城镇内交通基础设施建设,包括铁路、高架桥、管道建设等,提供空间广阔的交通运输线路,另一方面需要推动物流业内部运输结构的变革,合理选择运输方式,避免对交通资源的无效率占用。进一步建设完善物流设施和中转站等配套设施,为区域物流发展提供坚实的物质基础。为了构建整个物流节点系统,要从物流节点、系统和物流节点的空间网络相互关联、协作入手,重点改造和扩建物流节点和设备,打造现代型物流园区,致力于物流中心建设。为了促进工业、商业、运输、物流、物流、材料和仓储等区域物流资源的有效整合和高效利用,有必要采取调控性措施,以科学合理的方式规划和建设区域物流中心。此外,尽快加大对铁路,主要是水运和航运等较清洁运输方式的发展。为了促进交通一体化,建设大网络,实施大运输,为区域物流协调发展创造良好条件,就要提高道路建设的等级和路网质量,拓宽路网覆盖面,大力推进北部湾经济区高速公路建设,整改不足,实现六区的标准衔接;在铁路方面,要进一步提高运力,加快铁路网建设,减轻既有铁路运输压力,积极发展多式联运,把扩大运输网络作为一个优先事项,建设综合运输路线,理顺运输结构,形成一个密集型的交通运输网络。

7.2　生态位分离,实现区域间个性化发展

从上述分析结果可以看出,吉林、甘肃、海南、新疆、青海、宁夏和西藏的物流产业竞争力较弱,可以根据其自身地区经济发展的实际情况和特有属性,对这些省份采用生态位分离策略。具体来说,各省市区应该根据自身的物流基础设施、科技和信息技术、人才资源等竞争优势,充分利用自身现有的核心资源来构建符合国家物流产业发展政策和兼具特色优势的物流产业。例如,根据习近平主席在新时代下全国生态环境保护大会上强调坚决打好污染防治攻坚战,推动生态文明建设迈上新台阶,并结合海南省生态文明建设的目标以及其自身具备的港口优势资源,发展绿色生态可持续发展物流产业和港口物流产业;新疆、西藏、青海、吉林和宁夏农产品种类繁多,并结合十九大国家提倡的建立健全绿色低碳循环发展的经济体系,因而可以充分利用现有的农产业冷藏技术形成具有特色优势的农产品冷链绿色物流产业,其中农产品绿色物流包括农产品运输仓储流程和网络节点布局的优化和绿色包装等;甘肃省以其石油化工、有色冶金、机械电子等为主的能源和材料优势,可以发展工业物流。

绿色物流是指以降低对环境的污染、减少资源消耗为目标,利用先进物流技术和管理手段,规划和实施运输、储存、包装、搬运装卸、流通加工、物流信息等物流活动,达到保护环境、节约资源的目的。由于物流活动与环境有着密切关系,物流的发展同时也会给环境带来不利的影响,如在运输、保管、包装、流通加工等物流活动中存在着非绿色因素,

造成对环境的影响和资源的浪费。因此,北部湾经济区应加强对绿色物流的研究,采取有效措施,实施绿色物流战略,实现北部湾绿色物流个性化发展。

7.2.1 推进绿色物流发展规划

绿色物流的发展趋势不可逆转。对于政府来说,促进这一发展趋势是一种对实力和能力的挑战。政府应为发展绿色物流创造良好的生态基础,并从不同方向和角度积极落实政策指引和推动绿色物流发展建设。同时,政府要引导更新企业和民众的观念,大力宣传提倡绿色环保,实施绿色可持续发展,与国际标准接轨,引进绿色环保技术,促进绿色交通和绿色包装的发展。加快创建绿色物流公司,促进第三产业的发展,促进北部湾经济区整个经济的绿色增长。因此,政府要从经济可持续发展、节能减排的角度提出城市生态规划的政策建议,集中力量做好城市绿色物流政策发展规划。

为广西制定明确的适合其物流业绿色发展的环境法律法规,严格管理广西物流车辆废弃排放的处置。其次,物流公司确定使用符合限制条件的运输工具,并鼓励使用环保运输工具。例如,广西公路运输管理局对广西南天物流公司的运输方式进行了标准化规定,要求南天物流公司推广使用甩挂式运输工具。广西政府应科学合理地规划城市道路交通。其中,重点建设城市环线,落实车辆尾号限行规定,制定城市道路公园的建设标准,实施道路和轨道交通发展战略,实施现代交通管理机制,确保交通顺畅,提高广西物流循环利用效率,减少资源浪费,实现广西物流生态化目标。

7.2.2 提升企业绿色物流智能化

例如,广西区内的物流企业应不断改进绿色物流管理模式,在物流过程需要着重把握如下几点。

采取综合一贯运输组织方式。综合一贯运输(Combined-transportation)是指将铁路、汽车、船舶和飞机等基本运输工具的长处有机结合,实行多环节、多区段、多运输工具相互衔接进行商品运输的一种组织方式。集装箱被用作促进复合直达运输的一种连结各种工具的通用媒介。在整个过程中使用集装箱和其他形式的包装可以减少运输过程中的包装成本、损坏和运费差异。综合一贯运输组织方式克服了单一运输方式的固有缺陷，从物流渠道、地理、气候等方面保证了整个运输过程的最优化和高效化。由于基础设施等市场环境的差异导致商品在产销空间、时间上的分离，这种运输方式将有效地解决生产、流通、商品的分离，促进了企业产销的紧密结合和生产经营的高效运转。

积极推行一贯托盘化运输。一贯托盘化运输是指将货物按一定要求成组装在标准托盘上，组合成为一个运输单位并便于利用铲车或托盘升降机进行装卸、搬运和堆存的一种货物运输组织方式。货物与托盘一起装载、堆放、运输和储存。具有与叉车配合使用，具有重叠堆放的特点，提高了运输效率，减少了装载时间，降低了工作密度，节省了占地面积。它在改善环境、减少拥堵、降低物流成本、提高物流效率等方面发挥了积极作用，在欧美、日本等发达国家托盘化运输发展很快。因此，应借鉴发达国家托盘运输的经验，积极推动托盘运输。为了促进托盘运输标准化研究，统一国际标准化组织制定的通用托盘，促进不同行业的托盘运输标准化，并在此基础上建立标准货运系统。"单件货载通则"是根据托盘和相关物流数据、机器和工具的通用国际规则以及统一规范制定的，它也被用作工业标准规格；改变物流设备、机具的系统规格，使自动化仓库、输送带、叉车、卡车和集装箱等机具符合托盘规格，提高托盘的效率，并要求在行业中使用通用托盘和租赁托盘，以扩展和改进托盘存储机制。

推广绿色流通加工。绿色流通加工涉及两个主要策略：第一，将消费者的加工方式转变为集中的专业处理模式，提高资源效率，减少环境的影响。例如，为了减少家庭厨房分散造成的能源和空气污染，饮食服务业实行集中食品加工。第二，集中处理消费品加工过程中产生的废物和边角料，减少消费者分散处理产生的废物污染。例如，回收公司集中从事蔬菜加工可以减少意外倾倒和分散废物处理所造成的相关环境问题。

7.2.3 营造良好社会环境

（1）人才引进与培养

绿色物流技术和绿色物流人才在现代绿色物流发展中发挥着越来越重要的作用。目前，广西大部分物流专业人员都是由传统物流公司转移过来的。许多公司员工不能适应现代物流技术的应用和管理，没有发展绿色物流产业的理论基础和实践经验。新的物流技术主要包括计算机网络系统、电子商务系统、条码扫描系统、全球定位系统等先进的信息系统。扩大物流公司对先进的物流技术的使用范围，改变粗放型扩大物流企业规模的方式。广西必须建立物流信息系统和货物监管系统，努力跟上全球物流业的发展，紧跟绿色物流业的发展动态，这是现代物流发展的必然趋势。同时，广西应通过多种方式培养绿色物流人才。高校和物流企业可以根据当前物流行业的人才需求，推动建立适合现代物流的课程。通过专业课程学习和实践培训，培养现代物流业的从业者和管理者。参与绿色物流培训，提高对绿色物流企业的认识，注重应用型人才的培养，推进多渠道教育培训。加强绿色物流人才引进，学习国内外先进的绿色物流管理理念，提高广西绿色物流人才素质。

（2）居民素质提升

作为城市的重要组成部分，市民的素质和行为直接影响着城市的发展方向。这就是为什么我们不能忽视这么一个具有影响力的大群体。因此，政府应该将绿色物流的概念面向民众展开宣传教育，从城市到城市，从乡村到街道，传达到每个民众。一切都从小事开始。随着所有公民认识到绿色理念的重要性，公众意识有所提高。随着城市化、市场化和智能化的不断发展，传统观念和陈旧思想已经被抛弃。绿色创意的启迪与实现不可能一蹴而就。政府继续努力加强领导和宣传，建立和完善监督机制，鼓励民众积极配合践行。通过提高全民的环保意识和政府政策的执行力，可以实现城市的绿色发展，促进城市经济增长，提高城市的真正进步和可持续发展的竞争力。

7.3　生态位互利共生，实现区域间双赢发展

生态位互利共生策略是生态种群间竞争的对立面，其重点侧重于区域之间的密切合作，在合作的过程中充分利用自身的特色优势实现物流产业发展之间的强强联手，最终形成双赢的局面。对处于物流产业竞争力中等强度的广西、黑龙江和上海这三个省市区，本节建议采用生态位互利共生策略，在进行区域合作交流的过程中，一方面，需要政府提供给当地物流产业发展相应的政策扶持、资金补助并提供优厚的福利条件来吸引外资和物流产业核心人才，同时加大自身教育资源的投入和物流从业人员的精准化培养，另一方面，为了加强区域之间物流产业的合作交流，这些省市区有必要构建一套完善的物流产业公共信息交换平台，实现物流基础设施、科技与信息技术、物流人才等资源之间的共享，同时也建议制定物流产业相关的法律法规来维护消费者的权益。

北部湾物流市场存在着市场结构两极分化、产品差异化不明显、低端市场过度拥挤、价格竞争激烈等诸多问题。这些问题的存在，既有区域合作中边界效应的影响，又与市场机制不完善有着密切的关系。因此，北部湾物流合作必须政府主导企业协作，宏观微观协同进行，纵向横向多方面整合。

7.3.1　宏观层面的北部湾经济区物流产业合作

第一，加强物流设施的投资建设。首先，物流业的发展与不同国家和地区的协调与合作密不可分。对于物流合作而言，运输基础设施是一个重要环节。货物运输依赖于城市之间的紧密运输关系，无论是铁路、高速公路、内河、海运、海运还是空运，都必须紧密互联、系统衔接，才能达到"货物畅通"的效果。因此，随着物流的发展和昂贵基础设施项目的长期规划，北部湾经济区主要城市应共同努力，避免重复建设或使

得相关设施不衔接,相关设施建设应满足长远发展的需要,合理配置资源。这不能仅仅通过公司的努力来实现,必须依靠政府、民间社会和其他组织的共同努力。

第二,优化产业布局,大力推进物流产业的集聚式发展。按照"政府引导、市场运作、集群发展、强化辐射"的模式,北部湾经济区作为一个整体,兼顾城市建设、交通、住房、环境和社会经济发展。科学合理地建设物流中心等功能区,形成支持规模经济和产业发展的范围经济。为了通过规划和设计、政策建议和必要的财政支持实现区域一体化,需要引导物流业集聚式发展。在城市规划过程中,基本政策应消除拥堵,确保物流畅通。除了为城市建筑提供装卸点外,购物中心还应开放公共装卸点,并允许在街道停车位进行装卸。城市规划应充分考虑商业区内外进行货物搬进搬出的难易度,确保城市物流的顺利运行。

7.3.2 微观层面的北部湾经济区物流产业合作

20 世纪 90 年代后期,美国和欧盟的物流组织模式和商业模式在信息技术的影响下发生了翻天覆地的变化,以满足信息化社会发展的需要。在传统的商业模式下,单一物流企业实行物流存储和运输的所有功能的经营方式,不再满足"多种类、小批量、多批次"的物流发展新要求。因此,在网络信息技术的帮助下,在物流业务的商业模式的发展中,独立物流机构之间的开展协调物流管理经营成了新的潮流。物流企业之间的商业关系越来越紧密,物流组织的合作联盟化也是由信息技术驱动下的欧美物流组织的一个很大的发展特征。物流联盟的形式是区域企业之间物流合作的主要形式之一,无数成功的例子也证明了这个模式的可行性。物流联盟的建立不仅满足物流企业的经营需求,还可以通过规模经济和物流集约化来降低物流成本,获得更大的商业利益。另一方面,在这种模式下,生产企业可以把重点放在主体产业上,着重发展主体产业,注重核心竞争力的培养和开发,实现区域物流企业和生产企业的共赢。

如果北部湾经济区建立物流联盟,其物流交易成本将大大降低,减少资源的浪费。从交易过程的角度来看,物流联盟的建立有助于物流合作伙伴降低与交易流程相关的交易成本和费用,合作伙伴之间的沟通信息的成本以及搜索交易对象的相关费用也将大大降低。通过提供个性化物流服务实现相互信任和承诺,可以降低各种履行风险。即使在提供服务的过程中发生纠纷,也会因为较长的签约时期通过协商加以解决,协商解决方案可以避免谈判和法律诉讼的无限成本,降低了诉讼的时间成本和费用。从交易的主体行为来看,为了提高双方在不确定环境中的认知能力,降低参与者"有限理性"所造成的交易成本,物流联盟可以促进合作伙伴之间"组织学习";企业联盟之间的长期合作严重限制了双方的机会主义行为,将双方的机会主义行为带来的交易成本降至最低。

第

8

章

北部湾物流产业生态位重构的具体对策建议

　　考虑多重机遇叠加下的北部湾物流产业生态位选择与构建，需从物流产业本身为起点，在改进物流产业的基础上进行生态位选择。因此在对策建议部分，首先考虑到物流本身集群现象提出了集群物流产业发展策略；接着考虑物流业与生态环境协同发展，提出相关策略；随后根据研究结论给出区域物流产业生态位构建路径策略，最后提出物流产业生态位优化战略管理策略。

8.1　集群物流产业发展策略

　　（1）集群物流企业应当充分利用集群网络中的位置来提升企业创新绩效。

　　北部湾经济区集群物流企业要想占据网络中心度较高和拥有结构洞较丰富的网络位置，可通过以下方式。

　　第一，推动技术创新及应用。

　　技术创新和应用是提高北部湾经济区物流产业集聚定位和提升企业业务创新绩效的关键。技术创新和应用可以在企业、行业和区域各级推广和应用。企业是物流创新发展的微型主体，企业应充分利用相关经营重点，提高创新能力，将产业水平转化为企业的技术基础。区域物流创新是区域物流创新和技术应用发展的中介层次。通过构建区域物流创新发展平台，促进物流业的改革发展，促进物流业的全面转型。物流业是信息技术和智能技术的应用领域。通过区域物流业的创新和发展机会，促进相关资源的整合和利用，促进技术成果和应用，实现区域物流的创新和发展，提高区域物流发展的质量和效率。

　　企业层面：企业是智能物流创新发展的微观主体。积极参与相关智能产业集群的开发建设，充分利用相关优惠政策，研发智能物流企业，利用北部湾经济区整合发展的可能性，加强对国内外先进物流技术的消化吸收，开展物流技术创新研发，完善内部工资和福利制度。人性化的员工关怀，最大化企业文化意识，避免员工应不合理的薪酬福利制度而懈怠,降低工作效率。完善就业用人制度,提升和发展员工,创造民主公平的环境,避免过度依赖学历和专业人员外流。积极引进人才,优化人力资本结构。高素质人才是物流企业长期发展的重要智力支撑。政府和企业要加强人才招聘,拓宽国内外人才引进渠道,加强人才支持,以及人才引进后的咨询和培训。此外,高素质的物流人才能够更好地帮助物流企业茁壮成长。物流能力不仅可以为企业带来效益,还可以提高其他物流企业的技术水平,加强企业的合作与全面发展,提高企业的科技创新能力;对于物流服务提供商,有必要使用信息技术(如大数据、云计算、互联网+),积极应用与智能物流相关的智能物流设备,以满足自主开发的目标和高效解决实际物流问题,提高企业物流服务的科技含量,提高企业在具体物流活动中的整体竞争力,积极实施相关半导体技术改革创新。通过提高信息化水平,进一步加强先进物流技术和专业设备的开发、使用和应用,建设"智能物流"城市。具体措施如开发、推广和应用集装箱电子标签、仪表板和电子标签架,以提高物流效率并降低物流成本。加快公共信息平台建设和服务,打造城市间物流信息交流。必须将电子商务、税务、邮政服务和航空运输等部委公共信息平台的开发结合起来。同时,加快交通信息网络等信息的传输,打造融合云物流平台的线上线下物流平台。推动"绿色物流"发展,促进资源再利用,提高资源利用效率。虽然物流业的信息化建设需要付出巨大的努力,但它也是提高物流业效率最直接、最有效的途径。对于生产智能物流设备的企业,要充分利用北部湾经济区的制造业基础,明确智能物流设备的应用前景,强化科技创新的引领作用。积极推动装备制造企业物流知识品牌的打造,拓展企业市场空间,提高企业盈利能力和竞争力。

行业层面:行业层面是指区域物流技术创新和发展的中观层面。一是构建区域物流智能创新发展平台,实现高水平物流,运用港口物流、快递配送等智能技术,选择物流应用和智能物流技术在运输中的推广使用智能物流领域的典型应用,促进北部湾经济区物流业的知识创新和发展,加强知识储备,监控整个物流产业转型。二是根据港口物流的特点,航空物流和电子商务物流收集和分析众多智能物流公司的数据,建设智能物流园区,提升物流产业在集群网络中的地位。积极推进智能物流技术的应用。三是优化企业整体规模,小企业多元化,提升园区发展质量和竞争力,充分考虑各物流园区在相关领域的企业示范作用。提升物流企业的规模效应,积极引进第三方物流企业,扩大品牌影响力,提升品牌价值,这是推动区域物流业发展的关键。第三方物流企业的出现将会提高整个物流行业的管理效率。同时,第三方物流企业参与市场竞争将有助于区域物流企业在竞争中不断提升自身效率,降低被淘汰的风险。引进国内、国际知名物流公司,加强与国有企业、央企合作,发展重点品牌物流公司。此外,公司规模和业务活动规模与公司的风险规避直接相关。"中小企业"管理风险的能力很差。例如,中美贸易战的到来导致一些"小而散"的公司降低了经济效益,难以抵抗国内外政治经济风险。因此,优化公司规模对于提高公司的风险承受能力具有重要意义。提高企业的应变能力可以促进整个行业的可持续发展。加快资产重组,整合社会资源,通过股份制、兼并、分立、合资等方式建立多元化物流企业,推进物流企业不断变大变强,节约社会资源,提高资源利用率。

区域层面:通过区域智能物流产业的创新和发展潜力,促进智能物流发展所对应的资源整合和利用,促进区域技术创新服务的推广和应用。充分发挥智能物流发展技术的研发效益,为现代物流发展奠定基础,以智能物流市场为目标,通过智能物流技术的应用实现物流市场空间的拓展。北部湾经济区要想实现区域物流智能的创新发展,必须要提高区域物流产业发展的质量和效率。同时,要促进北部湾地区的经济发展,注重与其他产业的协同发展,从而带动物流业快速发展。首先,第一产业中种植业、渔业等主导产业的发展可以物流业带来更多的商业需求,而物流业的发展也可以加速第一产业产品的流通,提高跨区域需求;其次,第二产业的发展可以为物流业提供必要的设施设备、运输工具等物质基础,一定程度上为物流产业的发展拓宽市场,第三产业可以为物流业提供服务,如金融服务为物流业提供一定的辅助需要。特别是第二、三产业的发展,为物流产业集群的发展奠定了基础,对物流产业提出了更高的要求。加强物流与其他产业的整合,比如,在金融业发展的背景下,要把航空物流与金融业结合起来,丰富航空物流的运作,吸引更多的物流资源是发展航空物流融资的必要先决条件。引导机场经济发展,推动航空物流向高端方向发展离不开金融发展。加强物流业与制造业的联系,将物流业与机器人制造相结合,结合北部湾经济区制造业发展的基础,引进先进技术、设备,将物流产业与机器人制造、智能终端产品制造、新能源新材料的制造相结合,不断完善自身的供应链体系,加快企业自身的技术实力。

（2）加强集群网络结构洞物流企业与集群其他企业的紧密联系与合作。

为加强集群网络结构洞物流企业与集群其他企业的紧密联系与合作,需要建立一定的信任机制。

在物流企业集群中建立信任机制可以降低行业之间的交易成本,促进企业之间的友好合作,巩固合作伙伴之间的关系,并将其置于适当的网络密度中。因此,该机制的可靠性已成为物流企业集群快速发展的有力保障。首先创建可靠性机制可确保战略的相容性。集群企业的经营是以自身利益为基础的,为了实现企业的经营目标,它们只能履行对自身有利义务。在建立合作伙伴关系时,必须要明确公司的战略和战术目标,寻找具有共同目标和利益的合作伙伴,并在战略和战术目标的基础上建立具有共同目标和利益的合作伙伴关系,或者给公司带来更大的效益的合作伙伴。合适的合作伙伴必须满足以下基本条件:在本企业的基础上,能为本企业带来新资源,如新市场和新客户,弥补本企业在知识、技能和创新等方面的缺陷,能与本企业共担风险。第二,精心选择合作伙伴。建立商业伙伴关系最重要的前提是明确企业的核心竞争力,这也是建立商业伙伴关系的基本前提。其次,为了保证合作伙伴的顺利发展和长期维护,合作伙伴的选择非常重要。选择信誉度高的合作伙伴和具有良好的商业形象可以提高双方的竞争优势。因此,公司可以通过选择合适的指标来建立同行评审制度,主要指标可以为企业规模、企业绩效、资本波动能力、声誉和战略目标等。第三,形成统一的集群和企业文化。物流公司的企业文化、价值观和行为各不相同,难以建立信任机制甚至会因企业文化的不同发生冲突。为避免不必要的文化冲突,需要在集群内部管理过程中创造一个统一的集群和企业文化,必须从集群的共同目标出发,设计统一的集群和企业文化。具体做法包括:促进文化管理领域的培训和非正式接触,以确保每种文化都能进入并融入集体,并提高行动和战略的透明度。可以看出,集群与企业文化的形成既有其自身的特点,也有其独特的集群特征。它们可以被公司接受,这样集群就有了共同的文化基础和相互信任。第四,需要为集群伙伴建立一个信任评估系统。在选择伙伴和建立伙伴关系之后,最重要的步骤是建立一个全面的信任评估系统。对伙伴关系的特点、能力、可持续性、流动性和可靠性进行全面有效的评估,可以确保伙伴关系的长期可持续性。

8.2　物流业与生态环境协同发展的策略

（1）进一步健全完善物流基础设施并构建物流信息系统。广西北部湾经济区港口城市至腹地的货物主要通过公路运输。与其他运输方式相比,公路货运成本较高,不仅污染环境,而且通关效率较低。通关效率低下将直接阻碍物流业的高效发展,增加物流成本。基于可持续发展战略,北部湾经济区城市应加快海岸线建设,提高北部湾门户港的运输能力,降低道路交通压力,减少空气中的废气和粉尘。北部湾交通网络的建设应以不同传输方式的核心节点为建设重点,确保节点间的高效畅通。注重不同交通运输方式的衔接,提高运输效率。尤其是在被划分的物流园区域内,要更加重视道路之间的连接,这将直接关系到北部湾经济区物流效率的提升。有关政府部门应科学高效利用土地和科学规划园区内道路建设,并增加对相关加强物流园区道路衔接项目的投资。物流园区作为北部湾经济区物流发展重要的交通枢纽之一,为了提高效率,可以选择“绿色通道”的途径。要有专门的资金渠道作为建设支撑,加快海关通关设施和设备建设。特别是,通过加强报关、检查和支付的互联网海关信息平台,努力实现 24 小时无障碍通关。另一方面,加强物流信息系统的建设和标准化。广西北部湾经济区城市物流业起步晚,发展水平较低,发展不平衡。目前,信息技术水平已成为制约北部湾物流业快速发展的重要因素。作为绿色物流发展的重要支撑,绿色物流技术要求达到先进的性能和可持续的需求。因此,必须重视节能技术的成本效益和适用性,发展清洁能源、环保、绿色运输等技术,加快废品回收技术、物流渠道逆向设计等资源回收技术的研究。同时,进一步加强物流信息化建设,完善 GPS、GIS、RFID 等信息技术和网络技术的应用,实现物流网络系统建设和高效安全环境的创造。其次,为了建立最佳运输路线,实现物流资源的共享和交换,提高运输效率,减少能源消耗和污染物排放。通过引进先进技术,研究创新思路,加快打造北部湾经济区一站式物流信息平台,实现客户信息、货物信息、车辆信息的交流。减少零负载,避免复杂的交通。改善资源利用,减少运输对环境的影响,实施信息存储和标准存储的综合分类,提高存储、分类和运输的准确性和效率,增加对港口机械的投资,提高港口货运和港口运营速度。推动物流企业使用标准软件,推动信息系统公网项目建设,为物流企业在相关公共信息平台的使用提供信息指导。对于实力雄厚的物流公司,建议研发并应用先进的物流管理技术,如电子数据交换技术、物流企业管理系统和卫星定位系统。为了创建公共信息平台,请全力支持私营物流公司,并研究公司参与公共信息平台建设的可行性。标准化现代物流公共信息平台和规范北部湾经济区运输、收集和交换信息的通用标准,完善物流信息数据统计系统,实施信息共享机制;货运中心之间及时交换、交流和应用物流信息,鼓励公司利用信息技术提高管理和服务能力。实现物流运营商与上下游业务标准和信息系统的统一链接。

（2）提高对绿色物流的认识,加强物流机制建设。广西北部湾沿海城市的物流公司和政府相关部门对生态物流的认识相对薄弱,更注重经济效益,忽视物流对环境的负面影响。因此,首先要加强绿色物流的实施,造福企业和社会,提高全民的环保意识。政府应加强绿色物流和可持续发展的宣传和培训,积极提倡绿色消费,让人们看到环境问题的严重性,了解相关法律法规,普及绿色理念。呼吁所有公民参与回收和包装等绿色物流的开发和建设,并积极与物流公司合作,促进和指导废物回收,提高资源的利用效率;为了提高企业对实施绿色物流重要性和必要性的认识,实施绿色物流可以提高生产和使用的效率和清洁度,提高资源利用效率,废物和废水处理成本将降低,公司的运营成本将大大降低,提高物流效益。提高对绿色物流的认识和调动公司的环保不仅可以提高公司的效率和服务质量,而且对绿色供应链和绿色经济的发展也具有重要意义。其次,推动北部湾沿海城市生态物流的研究,探索适合当地物流业发展的方法。目前,中国还没有完全规范和完善的规章制度来推动物流业向生态化发展。国家有关部门根据市场需要和当前存在的问题,制定限制性、规范性的法律法规来保护生态环境。物流标准化体系的发展是绿色物流发展的必要基础。技术标准的规范化和适应化有助于物流工具和物流设施之间的有效连接,并显著提高物流综合利用的效率。为了提高北部湾沿岸物流的标准化水平,在保持管理的同时,制定国际物流标准,确保物流概念的标准化和准确性。物流标准可以统一执行。此外,技术标准要科学合理,对一些不符合现代物流发展要求的,取消相应标准,及时准确改正不符合物流环保标准的工作业务和未达到最低排放标准的车辆,严格按照相关标准确定包装尺寸,安装并监控物流运作。逐步为物流企业和物流行业建立科学、合理、实用的生态评价标准体系,促进企业和政府主管部门的自我评价,推动绿色物流发展和标准化管理措施的采用。此外,要不断完善绿色物流标准,建立科学合理的绿色物流评价体系。加强对物流公司的公众和社会监督,严格控制运输过程中的废气排放,制定粉尘、废气、废物和噪声排放标准,推广环保运输。物流公司可以通过不同的方式实现低消耗的目标。例如,请减少使用高能耗车辆。大范围推广使用节能型车辆,以减少物流消耗。更重要的是,要合理规划物流基础设施建设用地,减少投资,创造价值,实现经济效益、社会效益和环境效益,有效利用土地。

8.3　物流企业产品优化管理策略

营改增环境下物流产业生态位优化需做好产品优化,具体如下:

8.3.1 通过主辅分离实现生态元的集聚效应

现代物流业的发展与运输业密不可分。混合经营包括不同税率的运输、仓储、装卸、装卸等辅助物流服务。首先,必须划分混合产业。为了降低税负的风险,可以将不同税率的业务进行分离,如可以将税率较低的物流辅助业务与税率较高的交通运输业务分离,避免业务划分模糊和从高计税,第二,物流公司可以将物流辅助分业务从公司整体业务中分离出来,交给更为专业的物流辅助机构来完成,利于物流产业各个生态元的专业化发展,完善物流产业内部结构(图8.1)。

分离外包

| 交通运输业 | 物流混业经营态 | 仓储业、配送业、装卸业、搬运业、分拣业、包装业、加工业、信息服务业 |

适用高税率

适用低税率

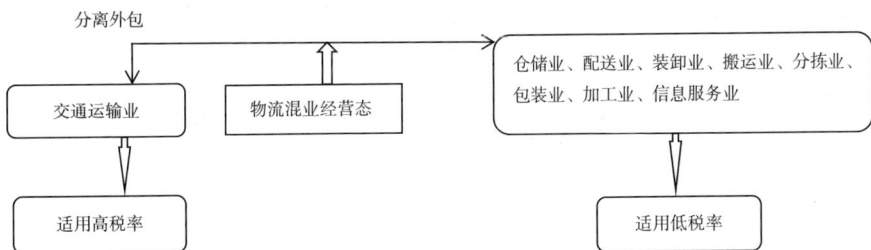

图8.1 物流生态系统优化模式图

8.3.2 优化产业融资方案,创新物流金融产品

从生态递进发展的角度看,物流业服务质量的提高和物流网络信息系统的建设,必然导致物流业对资源的积极需求。这一变化增加了物流与金融经济合作的可能性。因此,物流业必须不断创新资本合作的形式,创造金融支持物流的新环境,从增值税转向营业税和环境税。例如,存货核算就是一个典型的例子:财务方可以将货物储存在金融机构指定的仓库中,并使用仓库颁发的货物仓储凭证(仓单)向金融机构申请贷款。金融机构应向客户提供与货物价值相对应的一定比例的资金。这样,库存设备可以由金融业提供,物流业可以完成库存管理。它不仅解决了物流业的一些融资需求,还促进了其他行业的发展。进一步促进金融和物流保险的发展。由于事故、不可抗力等因素的影响,供应链中的质量损失风险不容忽视。目前,国内物流行业主要依靠财产保险和货运保险,但从市场实践来看,这两种保险只关注物流过程中的一个环节,不能为整个供应链提供损失保障。物流保险的延迟可能会削弱银行规避风险的能力,阻碍物流金融保险业务的发展。而且,这对于物流融资的发展并不理想,因为物流融资的流失必然会增加物流融资的操作风险,难以满足物流业的资金需求。此外,物流金融产品的应用还包括质量合同和质押协议中的投保人、被保险人、保险责任、保费赔偿、损害赔偿期限和保险期限。保险费率和其他保险头寸应明确约定。在物流融资领域,告知参与者非常重要。如果一方故意隐瞒信息,将给其他合作伙伴造成损失。因此,为物流建立财务信息数据库非常重要。加强信息披露。目前,我国对物流财务监控缺乏足够的关注,信息披露方面缺

乏相关法律法规,信息披露方面存在较大问题。随着物流资金的不断增加,监管机构应鼓励所有参与者积极参与物流资金,以改进信息披露。相关政府部门尽快制定相关法律法规,引导物流参与各方加强信息披露,同时积极鼓励参与者提高统计分析能力。良好的数据和信息分析能力是风险防范和加强管理的重要基础。因此,所有参与者都应注意数据分析,加强披露,提高透明度。只有通过发展物流融资基础产业,物流产业才能实现产业间的生态协调共生,建立最佳的物流生态机制。

8.3.3 增强物流产业自身免疫力,实现生态环境的外拓与内补

外拓就是要进军国际市场,拓展生态位空间。国际物流运输服务业税负的大幅度下降,再加上"一带一路"国家战略布局,物流产业可以选择走出国门迈向世界,拓展物流产业生态位空间。如广西北部湾国际港务集团与文莱达鲁萨兰资产管理公司组建合资公司正式接管文莱摩拉港集装箱码头的运营就是典型的例子。内部要补充给养,提升自身免疫力。例如,要发挥物流产业协会的引导和中介作用,加强生态系统之间的信息资源交流,强化各方合作。推动贸易、物资、运输、外贸等行业物流专业委员会合作,尽快建立区域内统一的物流组织。物流培训标准的制定和物流实践的建立对促进物流产业集群的发展具有重要作用,充分认识现有物流产业集群的作用,使其成为行业与政府部门之间的重要桥梁和纽带。同时,根据物流服务业的发展进程以及物流企业和市场的需求,引导物流行业协会的整合和统一,与政府部门共同促进物流行业的健康发展。

8.4　北部湾物流产业竞争力提升对策

8.4.1 发挥政府力量,加强宏观调控

完善北部湾物流发展规划。为了更好、更快、更可持续地发展广西

北部湾港口物流,需要制定合理的未来规划。这不仅需要企业的实际工作经验,还需要政府的适当限制和管理。为完善北部湾物流规划,政府要进一步规范北部湾经济区水域及土地利用规划、港口城市发展规划、经济区交通规划等。结合北部湾港口的发展方向和目标,指出港口物流的未来的发展方向。为了加快广西北部湾物流产业结构现代化,实现港口城市的现代化,必须充分利用现有资源。发展多式联运体系,提高港口综合服务能力。物流节点必须优化布局终端和站点位置。为了积极引进港口物流企业,促进港口产业的发展,有必要规划港口物流园区和保税区的建设。这些活动有许多领域和部门,如果单靠北部湾港口集团的力量很难做到这一点。需要运用市场规律,发挥政府作用,科学引导物流企业,总结实践经验,制定科学合理的发展规划。

优化配置北部湾港口资源。广西北部港口资源丰富,为实现北部湾港口物流发展目标和进一步优化和整合资源,必须重视北部湾物流体系的发展,关注中国—东盟自由贸易区与粤港澳大湾区的物流经济合作,积极参建西部陆海新通道,按照统筹整合的需要,促进广西经济健康快速增长,建设西南通道,科学引领北部湾港口物流发展。科学规划和振兴政策明确了港口资源利用的功能和方向,避免了大量劳动力和资源浪费。北部湾港未来的建设将进一步加强其作为先进散货运输系统的地位,并拓宽物流的通道,提升港口综合竞争力。在今后的门户港建设中,要充分利用物流园区与国际集装箱码头的合资源,加强区域合作,增加集装箱通道数量,突出北部湾集装箱物流新建设。钦州港、北海港、防城港三个港口的建设要各有侧重,避免重复建设,浪费资源。

进一步深化北部湾港口管理体制改革。在借鉴国外先进物流管理经验的基础上,将物流管理的性质和实践融入广西北部湾港的发展中。目前,北部湾物流发展正处于大规模基础设施建设阶段,以尽快达到国际水平。大型集装箱码头和大宗型能源中心的建设项目主要由国家提供资金,并有一定可观的收入,例如钦州港的30万吨级油码头,这样的项目对国内外投资者都很有吸引力。建议加快广西北部湾经济特区大型项目审批进程,抓住重要发展阶段,支持重点港口建设。

加强与粤港澳大湾区港口物流的竞争与合作。打造北部湾经济区与粤港澳大湾区协调机制,规划区域物流网络,共享产业合作整合经济资源,促进两广区域经济发展协调统一。这一过程要求政府根据物流园区和物流中心的交通布局调整,促进多条运输路线的有效连接和物流的无缝连接,以满足区域之间的物流需求,研究北部湾与粤港澳的竞合关系,积极吸引香港和其他国家的资本。加强北部湾港口与湛江港、广州港、深圳港的竞争合作协调,学习湛江港、广州港、深圳港先进的管理经验,提升自身港口发展水平。为避免电子商务中资源的盲目重复利用和开发,积极推进物流信息平台建设,加强不同行政区域的网络基础设施建设,统一电子商务平台,建设开放式电子口岸,提高区域间物流的信息化水平。

8.4.2 加快港口物流基础设施建设

国际航运业的发展日趋专业化、深入化和广泛化。为了适应国际产业发展的趋势和未来的需要,广西北部港口必须与时俱进,加强基础设施的技术改造。

为了解决北部湾港口运营效率低,吞吐量有限的问题,首先必须做好港口基础设施建设,不断拓宽航道建设。为确保龙门吊和门式起重机等主要作业方式的安全和效率,可购买新设备或升级现有设备。引进高科技的信息技术和自动化技术,如虚拟存储系统技术作为一种自动拣选系统,提高了物流链的效率。不仅要提高港口作业的机械化和自动化程度,还要在安全的基础上提高作业能力和物流周转速度。

其次要加快码头和航道建设。为适应航运产业大型化、专业化、现代化的需要,加快北部湾港的码头和航道建设,盘活岸线口岸资源,进一步优化港区资源布局,强化北部湾港口在大宗散货运输上的优势,促进新港区作业功能的进一步扩大。为促进港口与城市的协调发展,将港口建设与城市化相结合,通过营造港口投资环境,拓展融资渠道。建立市场化、专业化的港口投资机制,深化大型深水港建设,引进先进的装卸设施,打造分工明确的专用码头,扩大港口储运区域,提高北部湾对国际航运需求的适应性。扩大码头的仓储、堆场面积,进一步提高港口吞吐能力,满足腹地经济的物流需求,紧跟现代化港口发展步伐。

最后在综合服务方面,政府应积极优化港口服务环境,简化海关手续,全力支持港口发展,不断提高港口资源和服务的综合能力。企业要通过建立电子港口管理和信息系统来提高通关效率,实现货运市场信息、港口信息和物流信息的对接,不断提升自己的服务效率,降低时间成本。积极提升员工服务质量,加强服务质量和外部营销,增强北部湾港的声誉,提升北部湾港的竞争力。

8.4.3 提高港口物流信息化水平

根据北部湾港口发展特点与方向,建立港口信息平台。加大对北部湾沿海港口信息化建设的投入,充分发挥政府协调资金和政策等的宏观作用,为沿海港口信息基础设施建设提供政策和财政支持。港口公司、港航部门和物流园区以及运输公司要通过进出口数据和物流数据及时更新调整信息平台,确保物流信息的时效性。根据北部湾港经济区"三港合一"的实际情况,结合北部湾港口的物流量和港口运营模式,通过各种信息技术,建立了一个经济高效的功能体系。利用电子分类系统、电子数据交换、资源管理系统(ERP)和有效客户反馈系统(ECR)实现了"统一平台、分布存储、实时共享、安全保障"的基本数据交换功能。同时,加强北部湾港数据交换平台的功能,实现数据整合共享。

8.4.4 优化港区交通集疏运体系

公路和铁路的建设以及现代港口群的形成与现代国际通道的支持密不可分。广西沿海地区应重点建设国际航运通道,确保华南、中南和东盟形成完整的运输通道,建设区域运输。

在公路网建设方面:目前北部湾建设中尚未完全建成"一个中心、网络式"的交通网络。"一个中心"是指南宁,南宁是北部湾经济区的中心枢纽城市。"网络式":一是意味着在北部港口城市之间建立公路网;另一个是北部湾城乡之间公路网的形成。公路交通网络系统由三条不同的服务路线组成:路网、主干道、和地方道路。首先,城市之间的交通和北部湾经济区的长途运输主要通过高速公路进行;其次,干线公路作为连接公路和高速公路的纽带,连接着主要公路、城镇和直辖市。北部湾地区应充分利用现有区域公路网和干线的功能,根据规划要求对区域公路网进行整合和优化。在高效管理和信息服务的基础上,通过使用现代区域基础网络,北部湾沿海地区被整合为现代道路运输系统的一个区域。运输系统与其他运输方式完全相连,具有安全、高效、舒适的特点,提高了整体物流水平。

从铁路建设看,北部湾经济区正在加快铁路网建设,扩大铁路运输能力,进一步完善路网,优化货运发展质量,激发铁路运输优势与活力,更快带动北部湾经济区的物流发展。加快铁路运输发展,为广西和西南地区做出贡献,充分发挥其效益。为缓解广西运输紧张局面,满足西部地区进出口货物运输需求,促进广西北部湾经济区快速发展,北部湾经济共同体应继续促进城市和经济一体化,并建设尽可能多的铁路。随着未来高铁网的建成,南宁将成为城际高铁网络的枢纽和辐射区域城市的枢纽。以南宁为起点,高铁货运可实现"123"时间经济圈,经济区内沿海城市到南宁形成一小时货运经济,到桂林等主要城市达 2 小时,到广州等大城市仅达 3 小时。更重要的是加快建立连接东盟的国际物流通道。除了加强广西北部湾的海上连通能力外,还应重点建设以南宁为中心的西南交通枢纽和连接南宁与广州的西江内河航运系统。在保证安全和质量的前提下,延长南宁至凭祥口岸的省际高速铁路建设,进一步提高北部湾至中南半岛的铁路运输效率。加快建立与河内、胡志明、金边和万象等东盟国家交通枢纽相连的铁路网,并加强区域和国际铁路联系。为了完成连接东盟的国际货运通道建设,需要加快沿海港口与国际高速公路的连接,逐步实现南宁至河内与胡志明市高等级公路的连接,继续建设东南亚陆运运输走廊,加强区域道路运输合作,不断拓展铁路网的覆盖面积。

在港口建设方面:通过具体实施项目,实施港口扩容工程,建设深水运河、大型泊位、集装箱仓库,促进港口规模化、现代化、专业化发展。加快内陆港建设。南宁港是广西北部湾经济区的无水港。它始于 2010年 7 月,通过铁路、公路或内河与北部湾沿海港口相连。陆港虽然不沿海,但也具有完善的物流功能。通过对货船实施边境管制、清关和其他程序,以及通过铁路和海运进行多式联运出口,可以缩短货物在港口的时间,降低物流成本。北部陆港不允许北部港口在北部湾沿海港口无法深入西南腹地和中南腹地获得持续的货物供应,但是南宁内陆港可有效解决这个问题,通过中转货源和在临港物流园区的集散,实现公路和铁路运输的无缝连接,密切海洋和内陆的经济联系。为了实现港口物流的高效发展,港口物流园区开展港口装卸作业,改善多式联运系统,调整海关、港口、边检等部门之间的协作关系,并继续促进对边境管制和海关申报的监督。统一服务,提高通关效率。在信息技术的帮助下,打造无水港内的电子口岸,完善无水港的物流运作体系,将港内的货代、船代分支与沿海港口机构统一,在进行签发提单等物流业务后,保证信息的即时性和有效性。与传统的港口通关相比,陆港模式简化了通关手续,提高了通关效率。它集中了港口供应,提高了物流效率,降低了运输成本。

8.4.5 强化临港工业发展,大力引进第三方物流企业

优化升级港口货物的物流系统。根据北部湾沿海港口建设和港口产业发展情况,在对大宗货物、集装箱运输等大货物物流需求可实现性分析的基础上,规划和发展煤炭、石化、矿产、粮食等港口物流,提高物流地位,逐步发展成为西南地区重要的港口综合物流枢纽。北部湾沿海港口在未来将成为西南主要港口的综合物流中心。区域港口物流中心道路运输、采购、配送、装载和物流功能的实现,促进了港口物流与港口产业的协调发展,促进了商流和人流的高度集中,北部湾沿岸港口的资金流和信息流聚集,促进港口物流、仓储、运输等相关服务业的发展。

同时,加快第三方物流产业的创新开发,比如物流金融、保险等衍生服务产品,通过提高物流衍生服务的综合服务水平可以提高北部湾物流系统的服务水平。最后,通过实施税收制度等优先措施,促进物流公司的发展,增强物流公司的经济活力。

8.5　北部湾人才兴港发展策略

目前,物流人才匮乏是北部湾港口物流发展的瓶颈之一。广西北部湾港口未来物流业的发展将面向国际市场,因此需要国际化、高层次的人才,以满足全球化的发展要求。

第一,结合北部湾港口对物流人才的需求,提出高校物流人才的培养提升策略。促进北部湾大学的发展,加强地方高校与港口物流公司的合作,建立物流人才培养基地,建设港口物流相关专业,培养国际物流与航运应用型人才。为了满足北部湾物流发展的需要,针对人才缺口,专业对口培养人才。目前,许多高校都有相对独立的人才培养战略,不受外部人才市场的影响。新时期,物流人才培养战略应以市场为导向。要根据事业的需要,把市场需求与具体教育工作结合起来。物流人才的培养过程不仅取决于大学教师,还取决于北部湾港经济专家的参与。例如,学校和公司合作制定人才培养计划和核心培训目标,并支持学生建立基于网络的专业知识结构。相关专业老师要协助学术在自身理论研究的基础上,完成物流能力的自我构建。加强高校人才培养能力建设,完善人才培养体系,参加校企合作联席会议。连接社会各领域,为本区域的经济和社会发展提供互补利益。

第二,结合北部湾港口物流发展的需要,构建专业课程体系。物流人才培养的基础是物流教材的内容,而我国物流教育体系相关的知识内容则类似于经济学、市场学,过于强调理论知识,实操性不强。在欧美国家相应的运输与管理物流培训知识教育体系的内容非常明确。通过学习借鉴西方国家教学经验和满足市场需求,我国虽然形成了物流工程、物流管理两个专业,但是学科体系不明确,无法提供非常有针对性的人才。将北部湾物流发展的必要性融入专业课程体系是一个良好的发展方向。因此,北部湾港口提出的物流金融业务链通过理论上需要结合北部湾港口物流实际进行改革的专业课程整合了金融和物流课程的知识。引导物流链的扩展。根据市场实际需求丰富课程内容,不同的公司制定不同的培训计划,为北部湾物流业提供优质的人才培养环境。加强人才之间的联系不仅可以提高学生的社会实践能力,还可以促进公司真正需要的后备支撑力量的增长。

第三,提高物流业就业门槛,选拔学习能力强的高素质人才。政府应制定相应的优惠政策,从不同渠道、不同方向引进人才,吸引一批学历较高、素质较高、创业经验丰富的物流人才,促进北部湾港口物流发展。北部湾经济区沿海城市应通过更好的物流发展,提高物流企业的管理水平,借鉴其他类似城市的经验,从国外引进具有丰富物流运作经验的管理经验。

参考文献

[1]MacArthur R H.Species Packing and Competitive Equilibria for Many Species[J].Theoretical Population Biology,1970（1）1–11.

[2]Medley K A.Niche shifts during the global invasion of the Asian tiger mosquito, Aedesalbopictus Skuse（Culicidae）, revealed by reciprocal distribution models[J].Global Ecology and Biogeography, 2010,19（1）: 122–133.

[3]Odling-Smee F J, Laland K N, Feldman M W. Niche construction: the neglected process of evolution[J].Princeton University Press,2003, Princeton.

[4]Odling-Smee F J, Laland K N.Feldman M W.Niche construction[J].Am.Nat.,1996,147: 641–648.

[5]Odum E P.Fundamentals of Ecology[M]. Sauder, Philadelphia, 1971.

[6]Pielou E C. Niche width and niche overlap: a method for measuring them [J].Human Ecology,1971,53（4）.

[7]Putman R J, Wratten S D.Principles of Ecology [M].Berkeley: University of California Press,1984.

[8]Rodder D, Engler J O.Quantitative metrics of overlaps in Grinnellian niches: advances and possible drawbacks[J].Global Ecology and Biogeography,2011,20（1）: 915–927.

[9]Salimath M S, Jones R. Population ecology theory: implications for sustainability[J].Anagement Decision,2011,49（6）: 874–910.

[10]Shumate M, Dewitt L. The north/south divide in NGO hyperlink networks[J].Journal of Computer Mediated Communication,2008,13（1）: 405–428.

[11]Strotmann H. Entrepreneurial Survival[J].Small Business Economics,2007,28（1）：87-104.

[12]Su H N, Lee P C. Dynamic and Quantitative Exploration on Technology Evolution Mechanism：The Case of Electrical Conducting Polymer Nanocomposite [J].Technological Forecasting and Social Change,2009,11（1）：2433-2440.

[13]Tseng C Y. Technological Innovation and Knowledge Network in Asia：Evidence from Comparison of Information and Communication Technologies among Six Countries[J].Technological Forecasting and Social Change,2009,76（5）：654-663.

[14]Whittaker R H.Communities and Ecosystem[M].New York：Macmillan,1970.

[15]Zhao Z Y, Ling W J, Zilante G.An evaluation of Chinese wind turbine manufacturers using the enterprise niche theory[J].Renewable and Sustainable Energy Reviews,2012,16（1）：725-734.

[16]边伟军,刘文光.科技创业企业种群生态位测度方法研究[J].科学学与科学技术管理,2014（12）：148-157.

[17]何黎明."新常态"下我国物流与供应链发展趋势与政策展望[J].中国流通经济,2014（8）：4-8.

[18]纪秋颖,林健.高校生态位构建的数学模型及其应用[J].北京航空航天大学学报(社会科学版),2006（4）：69-71.

[19]李自珍,韩晓卓,李文龙.具有生态位构建作用的种群进化动力学模型及其应用研究[J].应用数学和力学,2006（3）：293-298.

[20]刘建国,马世骏.扩展的生态位理论.现代生态学透视[M].北京：科学技术出版社,1990：72-89.

[21]刘建国.生态位理论的发展及其在农村生态工程建设中的应用原则[J].农业现代化研究,1987（6）：30-33.

[22]刘岩,李全喜,刘佳琳.基于生态位理论的物流成长规律研究[J].科技管理研究,2012（15）：171-175.

[23]陆小成,罗新星.基于资源整合的产业集群生态位协同演化模型及其K-r策略研究[J].安徽农业科学,2007（30）：9792-9794.

[24]彭本红,孙绍荣.基于生态位理论的第三方物流研究[J].科研

管理, 2006（5）: 87-92.

[25] 容和平, 王跃婷 . 物流产业的生态位构建 [J]. 晋中学院学报, 2010（4）: 53-58.

[26] 孙文霞, 陈东霞 . 物流企业生态位发展路径研究 [J]. 物流技术, 2013（11）: 144-146.

[27] 童年成 . "一带一路"与我国国际物流新战略——珠海学术研讨会综述 [J]. 中国流通经济, 2015（11）: 123-124.

[28] 汪鸣 . 国家三大战略与物流业发展机遇 [J]. 中国流通经济, 2015（7）: 5-9.

[29] 王刚, 赵松岭, 张鹏云, 等 . 关于生态位定义的探讨及生态位重叠计测公式改进的研究 [J]. 生态学报, 1984（2）: 119-127.

[30] 谢泗薪, 侯蒙 . "一带一路"战略架构下基于国际竞争力的物流发展模式创新 [J]. 中国流通经济, 2015（8）: 33-39.

[31] 许芳, 李建 . 企业生态位原理及模型研究 [J]. 中国软科学, 2005（5）: 130-139.

[32] 于法稳 . 生态位理论及其在生态经济规划中的应用 [J]. 生态经济, 1997（4）: 51-54.

[33] 朱俊, 杨慷慨 . 职业教育生态位构建与产业空间选择 [J]. 重庆高教研究, 2015（1）: 71-75.

[34] 朱瑞博, 刘志阳, 刘芸 . 架构创新、生态位优化与后发企业的跨越式赶超 [J]. 管理世界, 2011（7）: 69-97.

[35] 蒋笑梅, 李贵春 . 产品内分工视角的物流产业界定 [J]. 港口经济, 2010（02）: 15-18.

[36] 王述英, 王青 . 试论物流产业的属性及其组成 [J]. 学习与探索, 2006（2）: 228-230+272.

[37] 苏小军, 罗霞, 陈高波, 等 . AHP 法在成渝物流通道合理化选择中的应用 [J]. 重庆交通学院学报, 2004（3）: 111-114.

[38] 韩增林, 王成金, 尤飞 . 我国物流业发展与布局的特点及对策探讨 [J]. 地理科学进展, 2002（1）: 81-89+96.

[39] 尹清忠 . 济南市物流业发展空间布局规划研究 [D]. 济南: 山东大学, 2008.

[40] 周悦 . 嵊州市现代物流空间布局优化研究 [D]. 杭州: 浙江工业

大学,2011.

[41] 付宏华. 山东省物流产业布局优化研究 [D]. 济南: 山东大学.2010.

[42] 谢承华.AHP 及其应用 [J]. 兰州商学院学报,2001,20（2）: 79-82.

[43] 白冰,陈瑶,王禅. 基于德尔菲和层次分析法的基本药物招标采购企业评价指标体系实证研究及启示 [J]. 中国处方药,2014,10（6）: 1-3.

[44] 常建娥,蒋太立. 层次分析法确定权重的研究 [J]. 武汉理工大学学报,2007,29（1）: 153-156.

[45] 周步东,许和连. 中国在"10+3"区域中的贸易决定因素分析——基于引力模型的研究 [J]. 湖南财经高等专科学校学报,2010,57（4）: 60-62.

[46]Chen X G. Empirical Analysis of Xinjiang's Bilateral Trade: Gravity ModelApproach[J].Chinese Geographical Science.2008,18（1）: 9-16.

[47]Liu Q, Lu H P, Zou B, et al. Regional integrated transportation network layout planning[C].International Conference on Transportation Engineering,2007,22（8）: 94-99.

[48] 赵闯. 城市物流节点布局规划理论与方法研究 [D]. 北京: 北京交通大学,2005.

[49]Egoh B, Rouget M, et al. Mapping ecosystem services for planning and management[J].Agriculture, Ecosystems & Environment, 2008,127（12）: 135-140.

[50] 王起. 淄博市物流业发展状况及问题、对策 [J]. 经营管理者, 2016,31（4）: 112-114.

[51] 陈鸿雁. 供应链管理环境下物流企业运营管理分析——以淄博市为例 [J]. 企业经济,2015,35（5）: 79-82.

[52] 谢童伟,宾长初. 广西北部湾港口经济腹地探析 [J]. 东南亚纵横,2007（12）: 60-62.

[53] 李军,张文韬,邓靖. 北部湾经济区港口物流业发展现状与对策 [J]. 海洋开发与管理,2013（13）: 79-84.

[54] 潘文昊. 基于港口群的广西北部湾物流业发展分析 [J]. 物流科技, 2015（1）: 46–52.

[55] 隋博文, 朱芳阳. 广西北部湾港口物流与经济增长的关系模型的构建及分析 [J]. 物流技术, 2012, 31（8）: 282–284.

[56] 张菁菁. 基于因子分析法的西南港口竞争力评价 [J]. 物流管理, 2013, 35（10）: 55–57.

[57] 李立民. 港口经济发展影响因素研究——以广西北部湾港口经济为例 [D] 南宁: 广西大学硕士学位论文, 2013.

[58] 王刚, 赵松岭, 张鹏云, 等. 关于生态位定义的探讨及生态位重叠计测公式改进的研究 [J]. 生态学报, 1984（2）: 119–127.

[59] 万伦来. 企业生态位及其评价方法研究 [J]. 中国软科学, 2004（1）: 6.

[60] 朱春全. 生态位态势理论与扩充假说 [J]. 生态学报, 1997（3）: 9.

[61] 刘金福, 洪伟. 格氏栲群落生态学研究——格氏栲林主要种群生态位的研究 [J]. 生态学报, 1999（3）: 119–127.

[62] 李契, 朱金兆, 朱清科. 生态位理论及其测度研究进展 [J]. 北京林业大学学报, 2003, 25（3）: 8.

[63] Grinnell, J. The niche relationships of the California Thrasher[J]. The Auk, 1917, 34（4）: 427–433.

[64] Carroll G R. Organizational Ecology[J]. In ARS, 1988, 10: 71–93.

[65] 王刚, 赵松岭, 张鹏云, 陈庆诚. 关于生态位定义的探讨及生态位重叠计测公式改进的研究 [J]. 生态学报, 1984（2）: 119–127.

[66] 刘建国. 生态位理论的发展及其在农村生态工程建设中的应用原则 [J]. 农业现代化研究, 1987（6）: 30–33.

[67] 刘建国, 马世骏. 扩展的生态位理论. 现代生态学透视 [M]. 北京: 科学技术出版社, 1990: 72–89.

[68] Dimmick W. The theory of the niche and spending on mass media: The case of the "video revolution" [J]. Journal of Media Economics, 1997, l0（3）: 33–43.

[69] Baum A C J, Jitendra V S. Organizational Niche and the Dynamics of Organizational Founding[J]. Organizational Science, 1994,

100（1）：346-380.

[70]Lubatkin M, Schulze W S, Mainkar A. Ecological investigation of firm effects in horizontal mergers[J]. Strategic Management Journal, 2001,22（4）: 335-357.

[71]Greve H R, Rao H. If it doesn't kill you: learning from ecological competition [J]. Ecology and Strategy, 2006, 32（23）: 243-271.

[72]Cardozo R, Ardichvili A, Strauss A. Effectiveness of university technology transfer: an organizational population ecology view of a maturing supplier industry[J].Journal of Technogogy Transfer, 2011, 36（2）: 173-202.

[73]Audia P G, Kurkoski J. An ecological analysis of competition among US communities[J].Industrial and Corporate Change, 2012, 21（1）: 187-215.

[74]Dobrev S D, Kim T Y Positioning among organizations in a population: Moves between market segments and the evolution of industry structure[J].Administrative Science Quarterly, 2006, 51（2）: 230-261.

[75]Salimath M S, Jones R.Population ecology theory: implications for sustainability[J].Anagement Decision, 2011, 49（6）: 874-910.

[76]Antai I, Olson H. Interaction: a new focus for supply chain vs supply chain competition[J].International Journal of Physical Distribution & Logistics Management, 2013, 43（7）: 511-528.

[77] 于法稳. 生态位理论及其在生态经济规划中的应用 [J]. 生态经济,1997（4）: 51-54.

[78] 彭本红, 孙绍荣. 基于生态位理论的第三方物流研究 [J]. 科研管理,2006（5）: 87-92.

[79] 容和平, 王跃婷. 物流产业的生态位构建 [J]. 晋中学院学报,2010（4）: 53-58.

[80] 朱俊, 杨慷慨. 职业教育生态位构建与产业空间选择 [J]. 重庆高教研究,2015（1）: 71-75.

[81] 张圣忠. 物流产业组织理论研究 [D]. 西安: 长安大学,2006：

23-24.

[82] 王述英,王青.试论物流产业的属性及其组成学习与探索,2006（2）：228-230.

[83] 蒋笑梅,李贵春.产品内分工视角的物流产业界定 [J].港口经济,2010（2）：15-18.

[84] 陈晓健.关于我国外贸运输业向第三方物流转型的思考 [J].国际贸易问题,2002（3）：57-61.

[85]Parlier G. Enabling a transforming army at war：Analysis to improvelogistics network efficiency and effectiveness[C].Proceedings of the 2004Winter Simulation Conference,Washington,DC,2004.

[86]Garcia J,Nguyen K,Tavarez C.Joint operation logistics transformation and training[C].Spring Simulation Interoperability Workshop,Berlin,2007.

[87] 蒋杰.物流服务商向供应链服务商的战略转型 [D].武汉：武汉理工大学,2007.

[88] 刘向东,张小军,石明明.中国流通产业增长方式的转型——基于流通增长方式转换模型的实证分析 [J].管理世界,2009（2）：167-169.

[89] 王健,刘荷.区域物流发展的影响因素研究——基于福建省的实证分析 [J].华东经济管理,2014,2（28）：22-27.

[90] 李肖钢.区域物流发展影响因素的灰关联分析——以衢州市为例 [J].工业技术经济,2010,29（1）：121-123.

[91] 王新安.陕西物流发展水平评价指标体系、模型与发展对策研究 [J].统计与信息论坛,2009,24（5）：68-74.

[92] 王健,刘荷.区域物流发展的影响因素研究——基于福建省的实证分析 [J].华东经济管理,2014,2（28）：22-27.

[93] 张广胜.基于灰色关联投影模型的物流能力评价研究 [J].北京交通大学学报(社会科学版),2014,2（13）：15-19.

[94] 邱立国,赵薇.基于嵌入熵权灰色关联模型的物流需求动力考察 [J].统计与决策,2015（6）：117-119.

[95] 韩彪,王云霞,段杰鑫.有偏技术进步下的要素替代与物流产业增长 [J].商业经济与管理,2017（5）：18-25.

[96]马士华,林勇,陈志祥.供应链管理[M].北京:机械工业出版社,2001.

[97] 崔介何.物流学概论 [M].北京:北京大学出版社,1997.

[98] 王之泰.物流工程研究 [M].北京:首都经济贸易大学出版,2004.

[99] 杨琳琳,姚眺.物流产业发展对北部湾经济区国际贸易的影响及对策 [J].商业时代,2008(30):107–109.

[100] 黄涛.广西北部湾经济区物流配送体系的构建及对策 [J].中国市场,2008(32):119–121.

[101] 程昭立,王秋烨,黄妍,等.新形势下北部湾经济区物流产业效率提升对策研究 [J].物流与供应链,2019(12):177–179.

[102] 潘文昊.基于港口群的广西北部湾物流业发展分析 [J].物流科技,2015(1):46–48.

[103] 张英婷.基于产业集群的广西北部湾物流企业竞争优势研究 [J].研究与探讨,2019(4):1–4.

[104] 林华,罗瑶.北部湾经济区港口物流发展竞争力评价 [J].商业经济,2017(8):54–56.

[105] 黄寒,丘梦园.新形势下北部湾经济区物流行业发展对策研究 [J].中外企业家,2019(29):90–94.

[106]Shumate M, Dewitt L. The north/south divide in NGO hyperlink networks[J]. Journal of Computer Mediated Communication,2008,13(1):405–428.

[107]Dimmick J, Rothenbuhler E W. The theory of the niche: quantifying competition among media industries [J]. Journal of Communication,1984,34(1),103–119.

[108] 朱俊丽.探讨提高广西物流产业集聚水平的对策与建议 [J].中国商论,2015(25):109–111.

[109] 习波.广西北部湾经济区物流产业发展的创新思路探索 [J].现代物业(上旬刊),2014(6):8–10.

[110] 刘忠萍,钟明容.“一带一路”下广西物流产业竞争力 SWOT 分析 [J].物流科技,2018(12):88–92.

[111] 官倩宁.广西发展物流产业的优势及发展对策分析 [J].物流

论坛,2013（6）：21-23.

[112] 潘晓莎."一带一路"背景下北部湾港口物流创新驱动发展趋势研究 [J]. 创新实践,2019（11）：75-76.

[113] 岑建明.北部湾经济区(广西)港口城市物流产业竞争力的因子分析评价 [J]. 经济研究导刊,2009（10）：121-122.

[114] 朱芳阳,谭保华,王婷婷.生态位视角下区域物流产业竞争力评价——以"一带一路"重点省份为例 [J]. 经济与管理,2019,33（1）：30-35.

[115] 黄林,张新美,朱芳阳.基于跨层次理论视角下集群网络的位置、密度与企业创新绩效 [J]. 企业经济,2018,37（09）：103-110.

[116] 贾清显,朱芳阳.多重机遇叠加下广西生态经济系统可持续发展研究 [J]. 改革与战略,2017,33（06）：123-127.

[117] 贾清显,朱芳阳.多重机遇叠加下广西生态经济系统可持续发展情景模拟研究 [J]. 生态经济,2017,33（12）：83-86.

[118] 谢春讯,吴忠,彭本红.基于生态位理论的第三方物流合作关系模型研究 [J]. 商场现代化,2006（25）：104-106.

[119] 周运兰.民族地区金融市场与民族企业融资问题研究 [J]. 中南民族大学学报(人文社会科学版),2011,31（04）：129-134

[120] 叶芬斌.基于生态位思想的技术进化研究 [D]. 浙江大学,2012.

[121] 李学工.论物流产业对国民经济的贡献 [J]. 北京工商大学学报(社会科学版),2003（06）：1-4.

[122] 刘玲瑞.区域物流网络节点布局规划研究 [D]. 长安大学,2011.

[123] 张雪芹,刘琼.甘肃省物流业发展现状及对策分析 [J]. 物流科技,2021,44（4）：100-101.

[124] 彭英,陆纪任,余小莉,等."一带一路"背景下江苏省跨境电商发展对策研究 [J]. 物流工程与管理,2021,43（6）：68-70.

[125] 汪同.物流企业电子商务转型模式研究 [J]. 物流技术,2002（5）：23-24+30.

[126] 刘秉镰.我国各类物流企业发展概况 [J]. 中国物流与采购,2003（2）：43.

[127] 焦志伦,马姣易,刘秉镰.快递企业服务制造业物流的合作收益分配研究——基于修正的 Raiffa 解模型分析 [J]. 商业经济与管理,2020（6）：18–27.

[128] 王领,许怡.区域贸易协定深度对中国参与全球价值链的影响 [J/OL]. 重庆工商大学学报(社会科学版)：1–12[2022–02–19].

[129] 戴志敏,郭露,何宜庆.中部地区物流产业集聚及演进分析 [J]. 经济经纬,2013（6）：83–88.

[130] 魏际刚.中国产业中长期发展战略问题 [J]. 发展研究,2014（9）：4–7.

[131] 张宝友,朱卫平.标准化对我国物流产业国际竞争力影响的实证研究 [J]. 上海经济研究,2013,25（6）：50–59.

[132] 梁子婧,马海燕.区域物流高质量发展新格局——基于物流生产力成长空间差异的分析 [J]. 城市问题,2021（12）：97–103.

[133] 高波.煤炭港口物流集疏运系统协同管理模式分析 [J]. 中国储运,2021（8）：142–143.

[134] 苗渝婧,谢洋.农产品冷链绿色物流发展的影响因素研究 [J]. 农业技术与装备,2021（4）：77–78+80.

[135] 易开刚.民营企业进入战略性新兴产业的瓶颈与路径 [J]. 商业经济与管理,2011（5）：43–49.

[136] 刘颖.长三角港口群物流格局分析 [J]. 合作经济与科技,2015（23）：40–42.

[137] 王文全,王世绩,刘雅荣,等.欧美杨幼林密度作用特性初探 [J]. 南京林业大学学报,1997（1）：15–18.